Jeure eounes que

Jeu luue e/par

hier. A/Monsieur

imprimé aussi la meme anneé illus
in fol . enrich . De pluss placetoja

V. ~~eggeo~~ .

fol. 9349.

29414.

LE
TAILLEVR
SINCERE,

CONTENANT CE QV'IL
faut obſerver pour bien
tracer, couper & aſſem-
bler toutes les principales
pieces qui ſe font dans la
profeſſion de Tailleur.

Par le Sieur B. BOVLLAY.

A PARIS,

Chez ANTOINE DE RAFFLÉ, Jmprimeur
& Libraire, ruë du Petit-Pont,
au Chaudron.

M. DC. LXXI.

AVEC PRIVILEGE DV ROY.

L'HOMME QVI VIT EN ESPERANCE PEVT TRAVAILLER EN ASSEVRANCE EN DIEV BENOIST OV LAY AMIS SA CONFIANCE

I. Troüin Fatichai

Levons nous dumatin et passons la journée
dans l'honneste exercice qu'il ame et destinee
et Consacrant a Dieu l'ouvrage de nos mains
Sur ses divines loys reglons tous nos desseins

AVX
Ieunes gens du métier de Tailleur pour homme.

QVAND Dieu nous appelle dans quelque profession, ou dans quelque employ nous le devons considerer comme vne chose que la Providence Divine a establie, l'homme est obligé de passer sa vie dans le travail; C'est le premier Commandement que Dieu luy fit apres sa cheutte; c'est la premiere loy qui luy imposa lors qu'il eut perdu la grace par le peché qu'il commit, il luy ordonna pour punition de son crime qu'il gagneroit sa vie à la sueur de son visage, & nous voyons qu'il n'est

à iij

point d'homme fur la terre qui foit exempt de cette loy generale, fi les Mercenaires travaillent, les Magiftrats font aufsi obligez de travailler dans la fonction de leurs charges. Ne les voions nous pas, fe lever du matin pour rendre la juftice, dont Dieu leur à mis l'adminiftration entre les mains; Quels travaux, & quelles fatigues ne fouffrent pas les Generaux d'armée, qui peut dire les veilles des Gouverneurs dés Villes & Places, que les Rois leur ont confiées, les Princes mefmes, & les Souverains font-ils exempts de foin, & de travaux? Mais arreftons nous fur nous-mefmes, qui fommes infiniment au deffous d'eux, et demeurons d'accord que nous fommes obligez, non feulement de travailler; mais encore de nous appliquer foigneufement, & de toutes nos forces à la per-

fection de nos Ouvrages ; Il n'est
pas necessaire de faire voir les motifs
qui nous y obligent , on sçait que
l'on ne peut auoir de l'employ si on
ne reüssit dans sa profession, &
qu'on ne peut estre estimé des plus
honnestes gens , si on ne les contente;
Adjoûtons aussi que nous trouvons
beaucoup de satisfaction , lors que
nos desseins sont suivis d'un favo-
rable succez ; Mais comme la grace
Divine est necessaire en toutes choses,
& que nous ne pouvons rien sans son
secours, il faut donques la deman-
der à la Toute-Puissance , et pour
l'obtenir il faut avoir une bonne
intention , & un cœur net en toutes
nos entreprises; Lors que nous avons
cette disposition, Dieu ne manque
point de nous donner ses lumieres,
& de nous inspirer ce que nous devons faire : Il faut donques contri-
buer de son costé à la grace de

l'esprit de Dieu qui nous a appellé à la condition, & à l'estat ou nous sommes ; & comme Dieu veut que nous nous aymions tous fraternellement, & que nous nous aydions les uns les autres, il faut que nous profitions des avis utiles qu'on se peut donner, & nous fassions part à nôtre prochain des talens que Dieu nous à départis ; C'est ce qui m'a obligé de vous donner la connoissance du petit fruit que j'ay fait chez les Maîtres que j'ay eu l'honneur de servir, avec ce que j'en ay pratiqué depuis prés de quarante années. I'ay fait donc graver & imprimer ce que je presente au public, & particulierement aux jeunes gens de ma profession ; Et comme j'ay promis par le Recueil que j'ay fait pour l'employ des estoffes, de donner un petit racourcy des principales pieces qui se pratiquent dans le mé-

tier et mefmes dans les Chefs-d'œuvre, ils trouveront toutes chofes felon ces figures , et felon la maniere
que l'on les doit couper & affembler;
J'ay à dire aufsi qu'il faut obferver
quelque methode que peut-eftre on
fera bien aifé d'apprendre , pour
s'en fervir en temps & lieu, d'abord
il faut pour ne point faire de faute
bien prendre fes mefures , c'eft vne
chofe tres neceffaire , qu'auparavant
de l'aprendre à vn homme , il faut
obferver fans l'advertir, & recon-
noiftre fa pofture ordinaire , car il
peut naturellement fe baiffer par devant où fe renverfer par derriere,
ou peut-eftre pancher d'un cofté ou
d'autre , & fi uous atrendez que
vous luy mettiez la mefure deffus,
il peut fe contraindre dans la penfée
qu'il a de bien faire en fe tenant
droit , & uous manquerez prenant
vôtre mefure, en ce que fi il eft ac-

coustumé de se baisser, le derriere se trouvera court, & le devant long, & ainsi du contraire, si il a accoûtumé de se renverser de mesme en derriere, le derriere sera long, & le devant court qui est l'une des plus mauvaises graces que l'habit puisse avoir, il faut aussi s'accoûtumer de se servir de l'aulne en toutes ses mesures, lesquelles uous peuvent empécher de uous méprendre en beaucoup de façons : Car il ne se faut pas figurer qu'on soit infaillible dans ses mesures, & ceux qui ont cette opinion, se trouvent ordinairement les plus ignorans, et comme l'on peut se tromper quelquefois, si vous en estes en doute, on peut s'en éclaircir en mettant la mesure sur ladite aulne, car estant habitué à y poser les longueurs & les grosseurs, on connoistra infailliblement si on a fait quelque équivoque ; De plus elle est

necessaire en tous les habits longs,
Car ayant les longueurs, & les
grosseurs, l'aulne fait le reste ainsi
que vous verrez cy-apres, par les
pieces que j'ay marquées qui com-
mencent par le manteau Royal, il
faut aussi observer qu'auparavant
que d'étendre vôtre estoffe, il la faut
mesurer & la visiter, afin qu'au cas
s'il se trouve quelque faute dans
l'estoffe, uous uous en donniez de
garde, auant que de la couper; il
faut aussi jetter toutes les longueurs
sur ladite estoffe de crainte que l'on
ne se trouve court à la fin de la piece;
C'est l'avis charitable que je donne,
je souhaitte que l'on en profite envers
le public: Et par ainsi l'on y trouvera sa propre utilité.

Extraict du Privilege du Roy.

PAr grace & Privilege du Roy , donné à Paris le quatorziéme iour de
Juin mil six cens soixante & dix : Il
est permis au sieur BENOIST BOULLAY,
de faire imprimer uendre & distribuer par
un des Imprimeurs reservez qu'il luy plaira,
un Livre intitulé *Le Tailleur Sincere* , & def-
fences sont faites à tous autres que ceux
qu'il aura choisi , de l'imprimer uendre &
distribuer , & contrefaire pendant le temps
de sept années , à compter du iour qu'il
sera achevé d'imprimer pour la premiere
fois, sur lespeines portées par ledit Privilege , & comme il est plus amplement specifié.
Signé, RENOÜARD.

*Regiſtré sur le Livre de la Communauté des
Imprimeurs & Marchands Libraires de cette Ville
de Paris, le vingt-deuxiéme Octobre 1670.*
LOÜIS SEUESTRE, Sindic.

Acheué d'imprimer pour la premiere
fois le 14. Novembre 1670.

LE
TAILLEVR
SINCERE,
CONTENANT CE QV'IL
faut obferver pour bien tracer,
couper & affembler toutes les
principalles pieces qui fe font
dans la profeffion de Tailleur.

POVR LE MANTEAV
Royal.

POUR commencer à couper
vn manteau Royal, il faut
preparer une place qui porte quatre aulnes de carure
afin qu'on puiffe tourner au tour de
ladite place, & eftant bien approprié,

A

il faut tirer un trait au milieu ainſi
qu'elle eſt repreſentée dans la figure
cy·apres marquée par *A*, par l'un des
bouts, & au *B* par l'autre, & enſuitte marquer la longueur depuis *A* juſques à la longueur qu'on veut donner au manteau où l'on doit faire un
trait pour marquer la uvidange du
col , & laiſſer pour ladite vuidange
un douze & demy , & depuis cette
vuidange marquer ſur ladite ligne la
meſme longueur du devant, pour le
derriere où l'on fera auſſi un trait pour
marquer la rondeur dudit manteau,
qui ſe doit arrondir depuis le premier
point de vuidange du devant pour
arrondir le derriere, & l'on portera
la fiſcelle depuis le *C* juſques à *I*, &
pour arrondir le devant, il faut poſer ladite fiſcelle ſur le trait du derriere
de la vuidange, & la porter depuis *I*.
juſques au *C*. Le corps du manteau
eſtant arrondy, il faut venir à la queüe
& meſurer la meſme longueur du

derriere du manteau depuis ſa rondeur du long de la ligne ou l'on uoid
marqué *B* , & pour la largeur l'on
doit donner depuis la ligne à l'endroit
marqué *F* , & ſi le manteau n'a que
cinq quartiers de long, l'on donnera
une aulne moins un ſeize de large en
chaque moitié qui s'arondit depuis
la hauteur d'une aulne moins un ſeize
où eſt marqué ladite *F* , & poſer la
fiſcelle dans le meſme endroit, & la
porter depuis *E* juſques à *C.* Et pour
venir joindre le corps du manteau , il
faut partager chaque moitié par tiers,
comme l'on uoid dans ladite figure
marquée par *A* , *B* , *D* , *P* , *H* , & *O*,
& depuis la rondeur que l'on a fait
de la queüe marquée par *E* & *L* , il
faut tirer à l'œil , juſques aux deux,
troiſiémes parties du derriere qui ſont
marquées *D* & *H* , il faut auſſi obſerver que ledit manteau eſtant tout
marqué comme je le declare, Jl faut
appliquer le premier lay de l'eſtoffe

depuis le *B* jufques *A*, *H*, qui font
l'vne des tierces parties du devant, &
l'autre du derriere, & l'on verra que
le bord dudit lay paffera droit par le
milieu de la vuidange du col que l'on
doit laifler dás ledit endroit marqué *B*,
qui fera l'ouverture du manteau qui
fe trouvera du cofté droit, ledit manteau eftant retourné fur fon endroit,
& pour le dalé fe doit marquer pour
l'arondir de la mefme maniere que
l'on arondit le manteau, auquel dalé l'on doit donner un quart & demy
de hauteur, & eftant arondy, il y faut
ofter fur le devant un trente deuxiéme que l'on fera uenir en mourant
jufqu'à un tiers en tirant fur le cofté.

Manteau Royal.

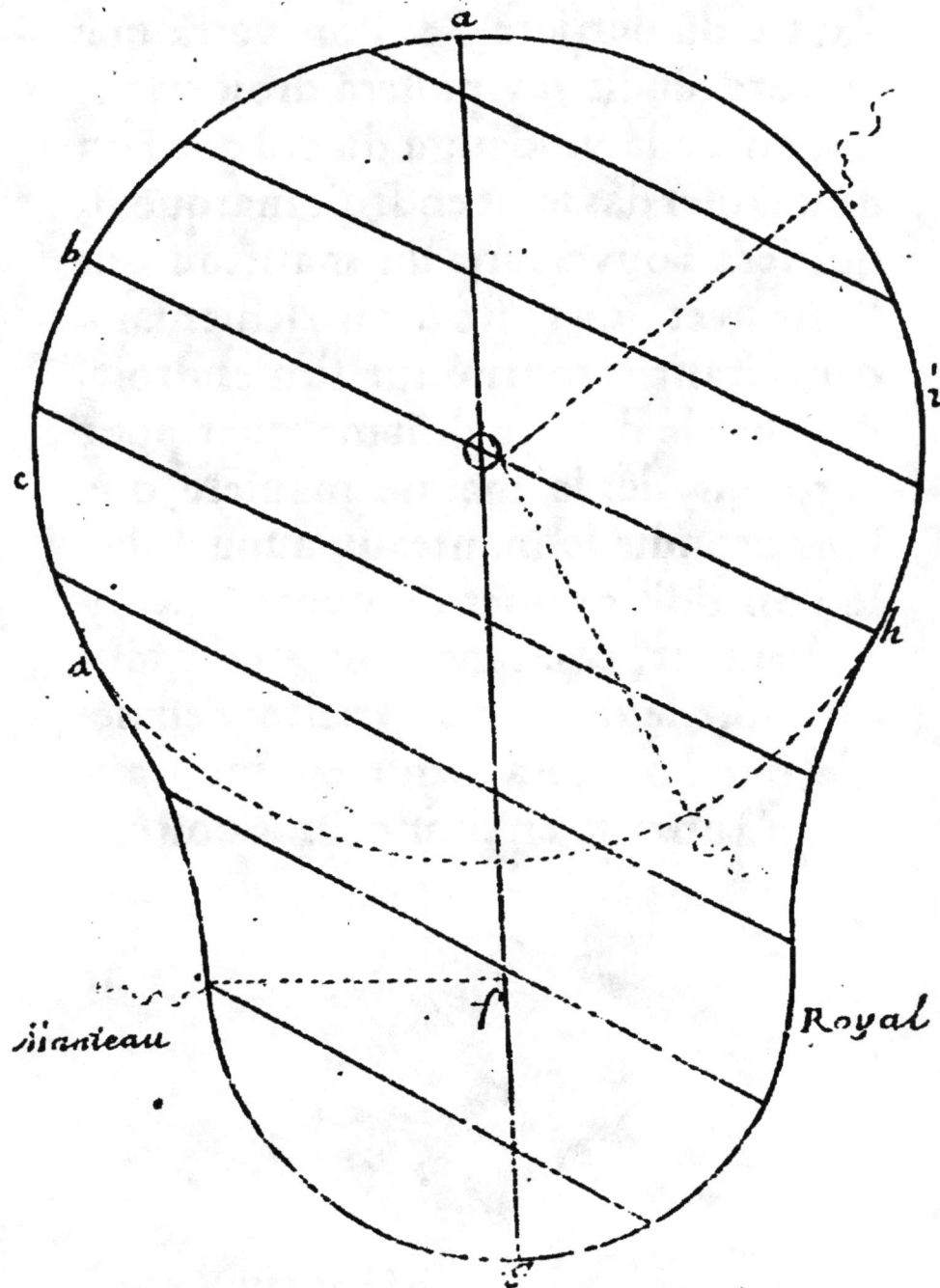

Manteau   Royal

B

POVR LA ROBBE DE
Prince.

IL faut eſtendre ſon eſtoffe bien
droite, & la tirer iuſte à l'eſquere
& commencer par le derriere, & prendre un quartier de hauteur dans ledit eſquerre pour faire la vuidange
dudit derriere, & faut arrondir ladite vuidange à deux fois, afin de faire relever entre la vuidange du derriere, & l'épaulette d'un demy ſeize;
Et pour cét effet il faut ſe retirer du
coin de l'eſquerre d'un demy ſeize
pour poſer la fiſcelle, & dans l'endroit
que l'on uoid marqué C. & E, l'on
trouvera que ladite vuidange ſera re-
levée du meſme demy ſeize qui eſt
une choſe neceſſaire, attendu que ladite Robbe feroit un mauvais effet
ſi ladite vuidange eſtoit faite d'une

feule rondeur : Et pour uenir à la figûre dudit derriere, il faut mefurer la longueur de ladite Robbe tant par le cofté marqué *A*, que par le derriere, & enfuite pofer la fifcelle fur le coin de l'efquerre marqué *D*, & porter la fifcelle depuis *I*. jufques à *G*. Il faut pour faire la queüe. Marqué depuis le *G*, jufques à *L*, qui eft la mé-me longueur du corps de ladite Rob-be & donner à ladite queüe la lar-geur de trois quarts & demy dans la moitié. Si ladite Robbe ne porte que cinq quartiers de long, & fi elle eft plus longue, il faut luy donner la largeur à proportion, & pour arron-dir cette queüe, il faut pofer la fifcel-le de la mefme hauteur qu'elle eft lar-ge pour luy donner fa rondeur, & pour joindre cette queüe au corps du derriere, il faut partager le derriere par la moitié & tirer à l'œil depuis la rondeur de la queüe que l'on uoid marqué *F*, jufques à ladite moitié

marquée *P*. Il faut auffi obferver que
fur le cofté du derriere, il doit avoir
de refte plusque le cofté du devant,
un fixiéme pour faire la manchure du
derriere , & pour le devant on luy
donnera un quart de carrure à caufe du renvers qu'elle doit avoir, & la
vuidange du col doit avoir trois demy feize, & celle de la manche depuis l'épaulette jufques à la pointe
du cofté doit avoir un fixiéme pour
l'ampleure du bas, il luy faut donner
tout au moins cinq quartiers, & pour
l'arondir , il faut pofer la fifcelle fur
l'efpaulette proche la vuidange du
col, & ne la porter que depuis *I* iufques à *A*, *H* , & le refte fe doit tirer
à l'œil, à moins que de cela il n'au-
roit pas bien fa rondeur , & pour la
manche doit avoir une aulne & demie
de large, vne demie aulne & un feize
de long , depuis le deffus du dehors
bras afin qu'elle fe renverfe proportionnément à la longueur ; Pour le

Beguin il doit porter vn quart & demy
de long , & dans sa rondeur un tiers,
il se doit arrondir par trois endroits;
sçavoir le dessus du Beguin par le milieu de la largeur de la corne où l'on
doit poser la ficelle , & le devant de la
rondeur se doit faire depuis l'endroit
ou on l'auoit posée marqué *R* , & le
derriere s'arondit par environ un huitiéme plus haut , ainsi que l'on remar-
quera que ladite ficelle qui est posée sur
la figure , & il faut ouvrir l'estoffe
pour la corne iusques au tiers de sa
rondeur dudit Beguin , & l'autre tiers
le laisser sans couper , ainsi que vous
le uoyez marqué par *L* , & le reste
sera aussi coupé , & chacun des cô-
tez sera rantrait l'un avec l'autre pour
faire le capuchon , & l'autre sera rantrait aussi ensemble pour faire paroî-
tre la forme du dalé , au tour de l'é-
paule , comme aussi la corne du derriere se doit rassembler l'un avec l'autre tout du long , & ainsi les deux

coſtez de la forme du dalé ſe doit
auſſi joindre enſemble.

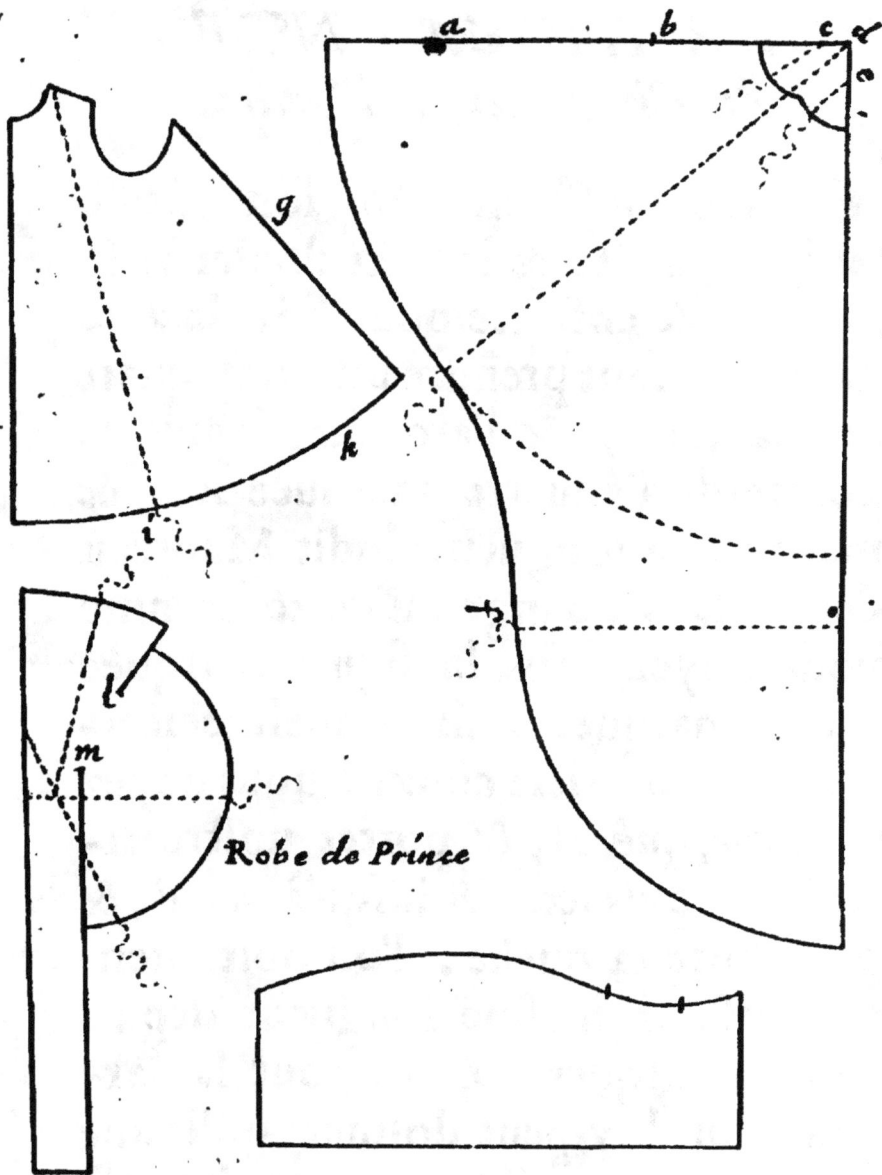

Robe de Prince

POVR LE MANTEAV.
du Chevalier de l'Ordre.

IL faut auſſi eſtendre ſon eſtoffe bien droite & la bien dreſſer à l'équerre , & enſuitte pour faire la vuidange, il faut prendre un demy quart de hauteur , & l'arondir depuis la pointe de l'équerre marquée *A* , & marquer la longueur dudit Manteau depuis la vuidange au coſté comme uous uoyez dans la figure marquée *F*, & marquer auſſi la meſme longueur du derriere comme uous uoyez auſſi marqué *B*, & porter uoſtre ficelle depuis ledit *B* iuſqu'à *A*, *F*, & pour faire la queüe, l'on doit prendre auſſi la meſme longueur depuis ledit *B*. iuſques à *L*, & pour la largeur l'on luy peut donner auſſi une aulne moins un demy quart dans ſa

moitié, & s'arondira depuis la meſme hauteur d'une aulne moins un demy quart marqué *C* iuſques au meſme endroit à la ſuſdite largeur marqué *D*, & pour joindre la queüe au
derriere, il faut auſſi partager le derriere par la moitié ainſi que vous le
uoyez dans la figure *B* cy-apres marqué *E*, & tirer à l'œil depuis le *B*
iuſques à la ſuſdite lettre, & pour le
devant, il faut obſerver que ſa vuidange doit porter tout au moins un
quartier ; Et pour cét effet, il faut
prendre un demy quart de hauteur
depuis le coin de l'eſtoffe, & y poſer
la fiſcelle pour arondir ladite vuidange, & la porter qu'à un demy quart
de large, & delà prendre la longueur
dudit manteau que l'on marquera auſſi bien par le devant que par le coſté,
& luy donner d'ampleure par le bas
une aulne trois quarts en chaque devant, & pour l'arondir poſer la fiſcelle dans le meſme endroit que l'on

à arrondy la vuidange, & la porter
depuis *I.* iusques à *L* , qui eſt toute
la largueur dudit devant , & pour le
dalé, on le doit couper de meſme que
celuy du manteau Royal, les figures
que ie uous repreſente vous en donne-
ront l'explication plus naturelle.

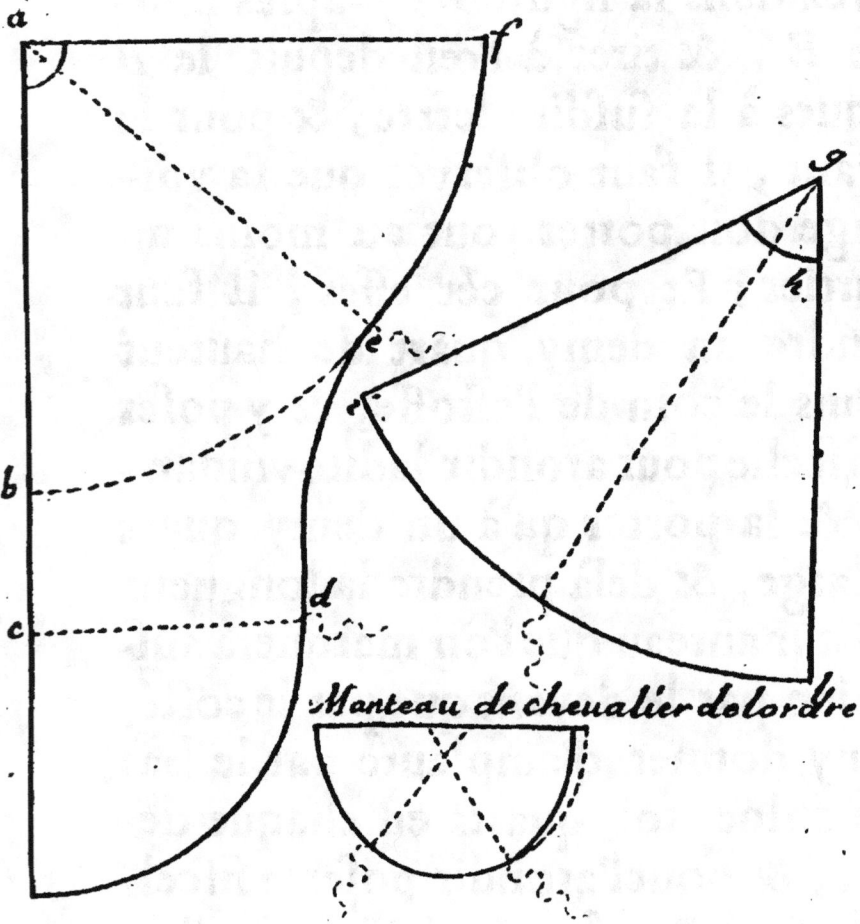

Manteau de cheualier delordre

POVR VNE CHAPPE
d'Evesque.

IL faut commencer pour couper la Chappe de l'Evesque, de bien dresser aussi son estoffe à l'équerre , & mesurer un quartier de hauteur tant par le derriere que par le costé , que l'on doit arondir depuis le coin de l'équerre que l'on void marqué par *A* dans la figure, & dans cette rondeur, il faut marquer un seize de hauteur, pour le collet de la chappe , & donner audit collet un douziéme de large par dessus, & pour le bas dudit collet, il faut tirer iustement à la moitié de la rondeur que l'on a faite du quartier de hauteur , & l'autre moitié se doit abbattre bien proportionnément un peu en rondeur pour l'épaulette, il faut prendre les longueurs de ladite Chappe sur les traits

de cette rondeur que l'on a faite sur
le quartier de hauteur, & la longueur
estant marquée, il faut poser la fiscelle sur ledit coin de l'équerre, & la
porter pour arrondir ledit derriere,
depuis le *G.* iusques au *D*, & pour
uenir à la queüe, il faut observer les
mesmes choses que nous avons dit
cy-devant, tant à la Robbe de Prince qu'au manteau Royal, & pour le
devant il faut abbatre d'un demy
vingt-quatriéme depuis le collet iusques environ un quartier par en bas,
& pour se rencontrer plus iuste, il
faut tirer un trait aussi à l'esquerre
pour bien marquer le collet du devant, & poser la fiscelle dessus le coin
dudit esquerre, & tirer une rondeur
d'un demy quartier, & comme le devant est abbattu d'un demy uingt-
quatriéme, il faut que le collet soit
aussi abbattu de mesme portion depuis le haut, iusques à ladite rondeur
que l'on a faite qui represente la figu-

re de la vuidange du devant & donner la mefme hauteur au collet du
devant que à celuy du derriere, &
auffi la mefme largeur, il faut que le
devant porte depuis *I* iufqu'à *L*, qui
eft l'épaulette du devant doit porter
un quartier, & ledit devant doit porter
par en bas depuis *N*, iufques à *M*.
une aulne, fuivant & proportionnément à la groffeur de celuy qui la
doit porter, & pour arrondir ledit
devant, il faut pofer la fifcelle un
peu éloignée du collet, fur l'efpaulette marquée *H*, & la porter depuis
O iufques à *M*, il faut obferver que
entre le corps & le collet, dans l'endroit que fe doit faire la vuidange, il
faut faire quantité de petits plis qui
finiront en mourant par le haut &
par le bas, afin que ladite Chappe
puiffe joindre au tour du col, lef-
quelles ferviront auffi à maintenir
ledit collet droit.

Chape d'Euesque

🙣🙣🙣🙣🙣🙣🙣🙣🙣🙣🙣🙣

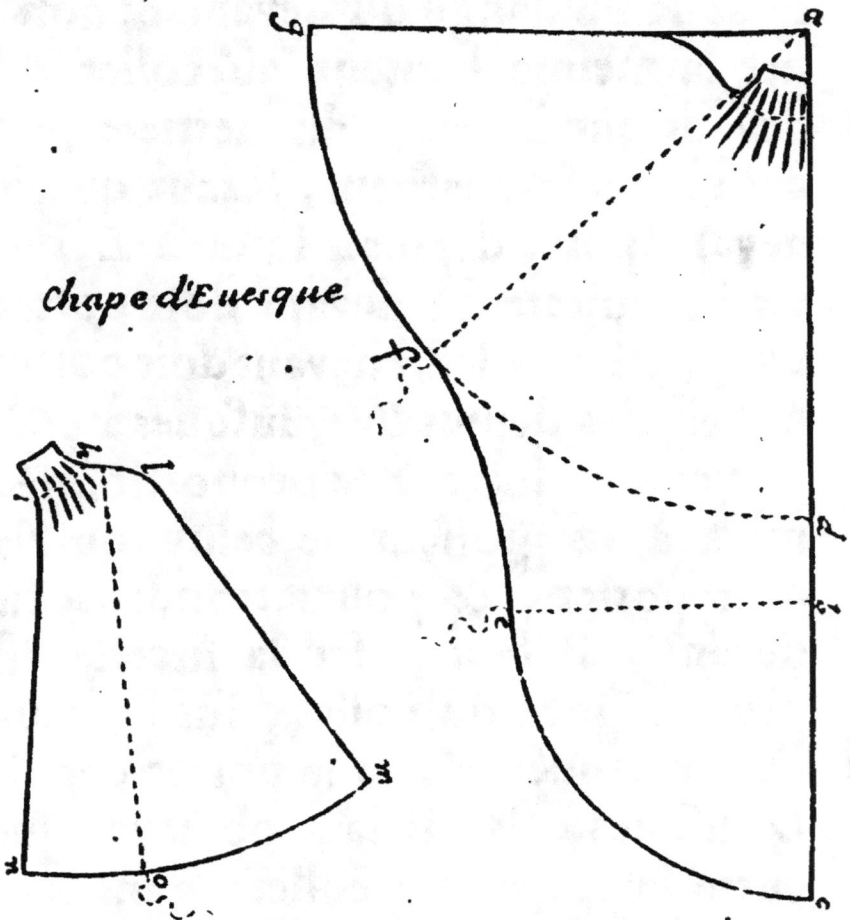

POVR VN CAMAIL.

IL faut obferver la groffeur, & la
la grandeur de l'homme, il fuffit
feulement que pour luy donner fon

ampleure neceſſaire , & que la rondeur ſe porte bien , il faut partager
juſtement par tiers , ledit Camail dans
l'endroit du col, pour y adjoûter les
devans , & pour obſerver une medio-
cre groſſeur , il faut qu'il porte depuis *T* iuſques au *Q* , un quart &
demy , & dans ſa vuidange depuis
R , iuſques à *T*, un ſixiéme & dans
l'endroit marqué *F* , ou ſe doit attacher le devant marqué *N* , portera un
huitiéme, & pour le coſté marqué par
M s'aſſemblera dans l'endroit marqué *G* , pour la rondeur , elle s'eſten-
dra à proportion de la groſſeur de
l'homme , qui peut-eſtre environ de
deux aulnes de tour.

POVR LA TORCHE ET
le Bourlet, pour les Robbes de Palais repreſenté dans la planche ſuſdite.

IL faut auſſi prendre dans l'équer-re, &luy donner vn tiers de long tout au moins , & faire la vuidange d'un uingt-quatriéme de diſtance & l'arrondir par le coin de l'équerre; mais pour la vuidange , elle ſe doit arrondir depuis ſon milieu , pour le Bourlet doit avoir autant de largeur par l'endroit du trait que uous uoyez marqué entre le *D* & le *C*; que ladi-te vuidange a de tour , & pour l'aſ-ſembler , il faut rouler le deſſus du-dit bourlet, & ſeront les deux coſtez aſſemblez en rond pour eſtre attachez, dans ladite vuidange à l'entour, & au-paravant que d'attacher ladite vuidan-ge, l'on y doit appliquer la manche

que l'on uoid icy entre *A* & *B* , & le
furplus qui demeure dudit bourlet
qui n'eft pas roullé, demeure dans ladite torche pour luy fervir d'attachement.

Vn Camail et un Bourlet

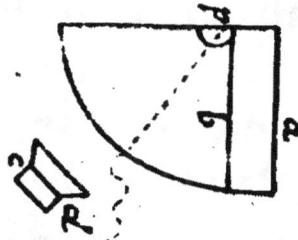

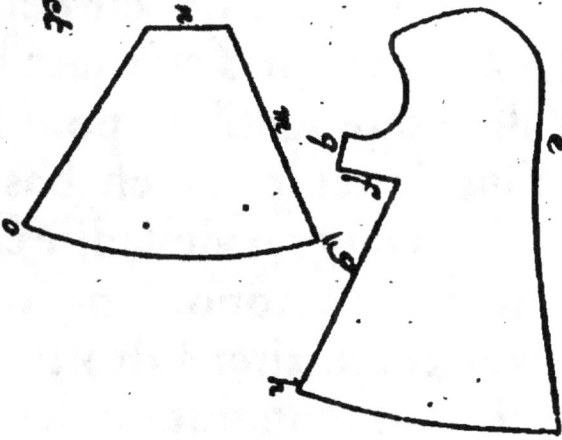

POVR VNE ROBBE
à Cornette.

ELle se doit commançer par le derriere & tirer un trait pour le collet qui portera un douze de long, lequel il faut abbatre sur le derriere de la moitié d'un trente-deuxiéme ainsi que l'on le uoid dans la figure representée, dans l'endroit marqué *I*, il faut donner pour la hauteur du collet, un seiziesme, & pour l'écarrure du derriere, il faut marquer un quartier & un seize qui est depuis *F*, iusques à *G*, & apres marquer la longueur de ladite Robbe ; pour le collet il faut le tenir par en bas de la moitié de la largeur de ladite écarrure qui finira en arrondissant fort peu, & l'espaulette la tirer à droite ligne, & ce qui uous conduira à lever, ou baisser l'épaulette ; C'est qu'il faut auparavant arrondit le bas, & poser

C

la fiſcelle deſſus le coin du collet & la
porter depuis *H* iuſques à *N*, & depuis *N* meſurer la longueur de ladite Robbe, & l'on trouvera que ladite épaulette ſera juſtement abbatuë
comme elle doit eſtre.

Et pour le devant il le faut auſſi
abbatre de meſme que celuy de
la Chappe de l'Eveſque, & obſerver les meſmes choſes, il faut que
ledit devant aye des carrures, trois
ſeize & de large depuis *A* iuſques au
D, un quart & demy, & par le bas
elle doit porter d'ampleure par le devant une aulne un quart, & le derriere une aulne un tiers, & pour arrondir le devant, il faut poſer la fiſcelle ſur le coin de l'épaulette, du
coſté du col, & la porter depuis le
B iuſqu'à *O*, il demeurera ſur le côté du derriere un demy tiers de longueur plus que celuy du devant, à
l'endroit ou eſt marqué *E*, qui ſera
pour la manchure du derriere, il fau-

dra auſſi faire quantité de plis au tour
du col, & les commençer directe-
ment dans l'endroit que doit eſtre
coupé la vuidange, comme je uous
l'ay declaré cy-devant dans la Chappe d'Eveſque : Pour la manche, elle
doit avoir une aulne de large par le
haut & ſera pliſſée, & au poignet
elle ne doit porter qu'un huitiéme dans
la moitié ainſi que l'on uerra, dans la
figure icy repreſentée.

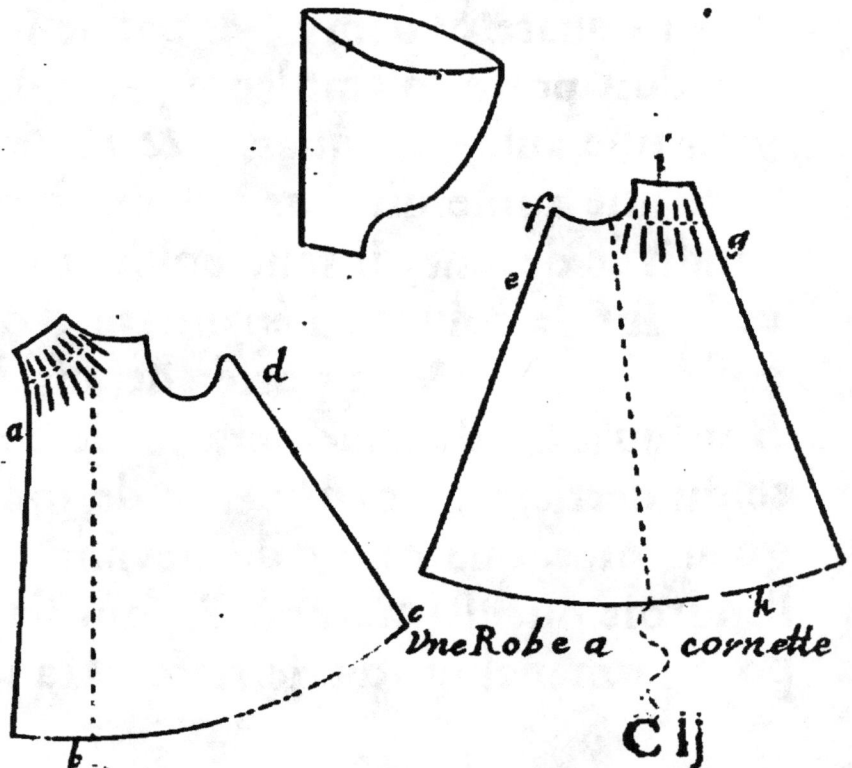

Vne Robe a cornette

C ij

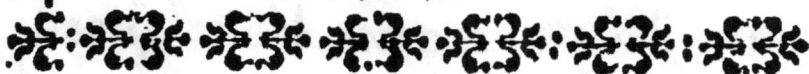

POVR VNE CAPPE
Ronde.

IL faut marquer la longueur de ladite Cappe qui doit uenir depuis le collet iusques au bord des trousses, & la longueur estant marquée, il faut laisser un quartier comme l'on uoid dans la figure, depuis le *C* iusques au *D*, & donner la mesme longueur pour le deuant, qui est depuis le *D* iusques au *B*, & l'on doit tracer une rondeur dans la place reservée d'un quartier, laquelle rondeur ne sera coupée qu'au deux tiers du costé du derriere, & le surplus sera marqué, & coupé depuis le tiers qui reste à droite ligne iusques à la moitié de la vuidange, & pour arrondir le corps de la Cappe, il faut poser la ficelle à l'endroit marqué *D*. pour l'arrondir par le derriere, depuis *A* iusques à *O*, & pour arrondir le de-

vant, il faut raporter ladite fiſcelle
ſur la vuidange du derriere marqué
C , & la porter depuis O , iuſqu'au B ;
pour la Cappe , elle doit porter de
hauteur , un ſeizieſme moins que le
corps ſuivant la proportion de la longueur qu'elle ſera , elle portera de largeur tout au moins vn quart & demy,
& pour l'arrondir par le bas , il faut
poſer la fiſcelle ſur le coin de l'épau-
le droitte , pour arrondir le coſté
gauche, depuis ce qui eſt tiré adroite
ligne, iuſques au milieu qui eſt marqué par L. la vuidange du derriere
qui eſt marqué G, portera ſeulement
trois ſeize , elle ſera attachée dans la
vuidange du corps qui eſt marqué par
T, & ſera pliſſée ladite vuidange du
corps, pour la reduire à celle du collet marqué G, & pour les deux épau-
lettes marquées , l'une I , & l'autre
H, s'attache chacune dans ce qui eſt
reſté de la vuidange du corps qui eſt
tiré adroitte ligne marqué par F , il

faut obferver que ce qui demeure dans ladite vuidange tirée adroitte ligne fe raporte iufte aux deux efpaulettes de la Cappe,

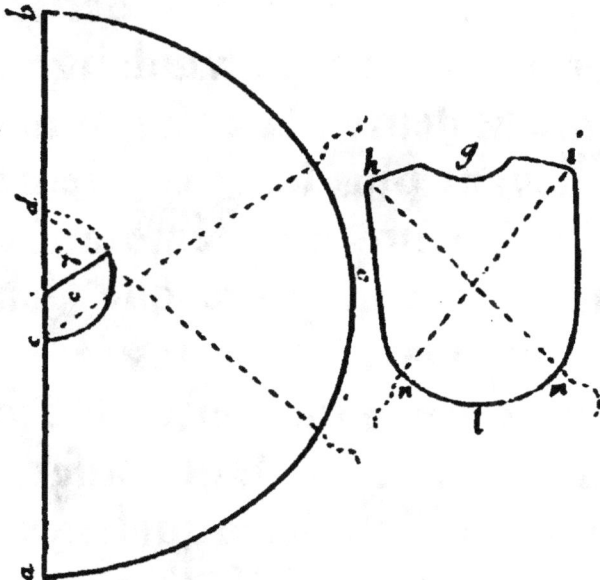

Caperonde

POVR VN CAPPO
de Page.

IL faut commançer par la longueur
que l'on marquera par le derriere,
& laisser pour faire la vuidange un
douziesme & demy, & ensuitte marquer le devant plus long que le derriere, d'un trente-deuxiéme au cas
que ledit Capot ne porte que demy
aulne demy quart, & apres la vuidange marquée dans l'estenduë des
trois demy douze, il faut laisser un
huitiéme pour l'épaulette qui sera vui-
dée d'environ la moitié d'un trente-
deuxiéme & de là uenir à la manchure qui portera un sixiéme, & sera vi-
dée d'environ un trente & deuxiesme,
le surplus demeure pour le costé marqué *D*, qui sera assemblé avec le côté du devant marqué par *M*, & l'épaulette dudit devant marqué par *N*,
sera assemblée avec l'espaulette du

derriere marquée *F*, & pour arrondir
le derriere, il faut poser la fiscelle
sur le coin de l'espaulette, & la porter depuis *A*, iusqu'à *B*, & pour arrondir l'autre costé du derriere, il
faut poser la fiscelle sur le coin de la
vuidange du derriere marqué *G*, &
la porter depuis le *B* iusqu au *C* ; Et
quand au devant il doit porter un
quart & demy de carrure à cause du
renvers que le devant doit faire, &
pour arrondir ledit devant, apres en
avoir marqué la longueur, à proportion de celle du derrieré, il faut poser la fiscelle dans l'endroit marqué
H, & la porter depuis *I*. iusqu'à *L*,
le devant estant assemblé avec le derriere, le collet s'attache tout du long,
pour la manche, dont on uoit icy la figure, l'on en doit prendre la largeur
suivant la mancheure.

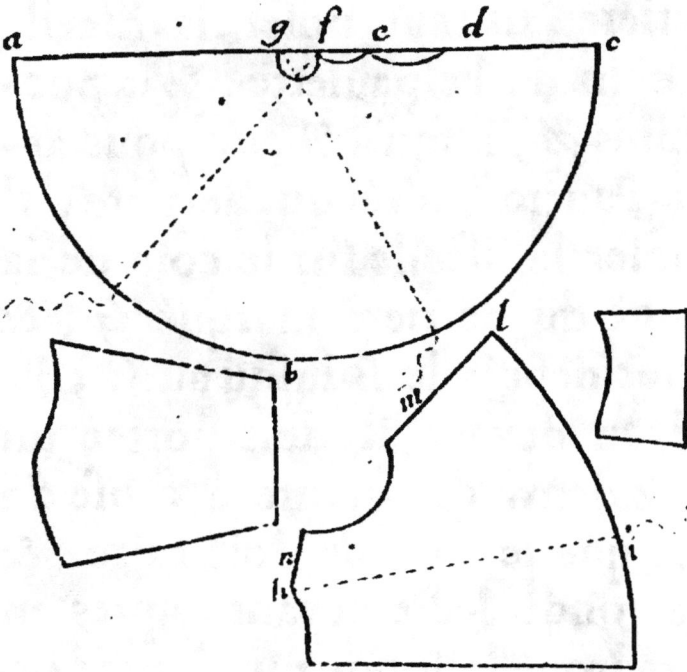

vn capo de Page

POVR VN CAPPO
d'Allemand.

IL faut observer qu'il faut abbat-tre le derriere de la moitié d'un trente-deuxiéme, & apres marquer la longueur dudit Capot, & laisser

pour la hauteur du collet droit
un douze , & l'on donnera audit
collet aussi un douze de large par le
haut, & par le bas trois demy douze,
& l'on tirera un trait un peu vuidé depuis le dessus du collet iusques aux
pieds, & depuis le pied du Collet,
il faut tirer dans le commançement
en rondeur pour faire l'espaulette que
l'on uoid marquée *F* , & qu'elle ne
soit point esloignée du bord du collet crainte d'acourcir le devant , &
retourner par la mesme rondeur jusqu'à un sixiéme pour faire la mancheure , & abbatre aussi le costé de la
moitié d'un trente-deuxiéme, & pour
arrondir le derriere , il faut poser la
ficelle sur le derriere au pied du collet , pour arrondir le devant , dans
l'endroit marqué par *D* , & la porter
depuis *A*, iusques au *B* , & pour arrondir le derriere, il faut poser la fic-
celle sur le dessus du collet , dans l'endroit marqué *T* , & la porter depuis

le *C* iufqu'au *B* , pour le devant il
faut faire un trait le long du devant,
ainfi que l'on le uoid marqué dans la
figure par vne ligne blanche, & laiffer un huitiefme d eſtoffe pour le renvers dudit devant , & depuis la ligne
blanche, il faut que la carrure du devant porte trois feize & iufques au
coſté un quart & demy, & par le bas
depuis ladite ligne blanche, il portera deux tiers , l'épaulette portera un
huitiefme, depuis l'épaulette la vuidange du devant portera iufques à
ladite ligne blanche un douze & demy, dans laquelle vuidange, fera attaché le collet droit , & pour arrondir ledit devant, il faut pofer la fifcelle fur l épaulette , dans l'endroit
marqué par *I*, & l'apporter depuis *N*
jufqu'à *M* , l'efpaulette s'attache dans
l'endroit marqué *F* , depuis l'endroit
ou finit le collet , & le reſte du derriere demeure pour la mancheure , &
le furplus marqué *G*, s'aſſemble avec

le cofté du devant, marqué *L*, & le
feiziefme d'eftoffe, que nous avons
laiffé fur le devant, l'on y doit aufli
faire une mefme vuidange que celle
du devant & le furplus tirer à droite
ligne, & abbatuë de la mefme éga-
lité que l'efpaulette, afin d'eftre con-
forme audit devant eftant renverfé,
pour la manche, l'on doit prendre
la mefure aux à mancheures du devant, & du derriere, pour obferver
la largeur qu'elle doit avoir.

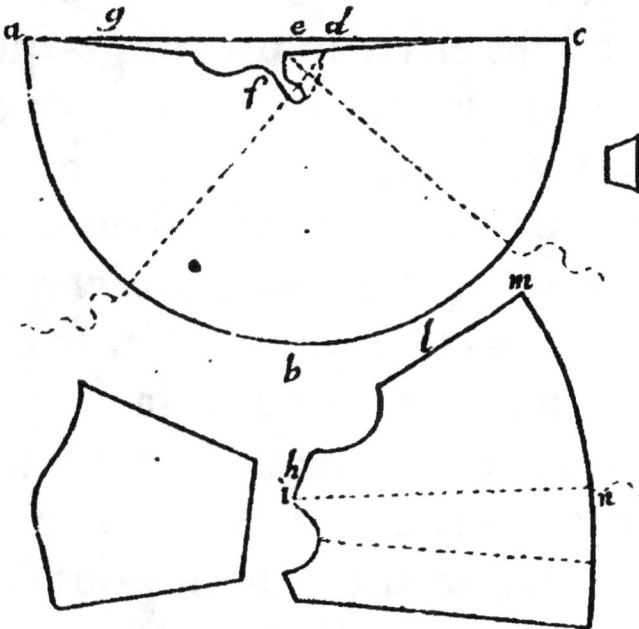

cape d'Allemand

POVR VN MANTEAV
des Comptes en plein fond.

APres avoir pris la longueur , il faut laiſſer pour la vuidange du col , un trente-deuxieſme attendu qu'il faut qu'elle ne porte qu'un ſixiéme de tour , l'on le peut remarquer jettant l'œil ſur la figure dans l'endroit marqué *B*, & depuis ladite vuidange , il faut marquer la longueur dudit Manteau qui ſera le coſté , & luy laiſſer environ un uingt-quatriéme plus que ſur le derriere & depuis ladite vuidange, il faut laiſſer un huitiéme pour l'épaulette dans l'endroit marqué *C*, où l'on y obſervera une rondeur d'environ un trente-deuxiéme que l'on reduira à la largeur de l'épaulette du devant, en aſſemblant ledit manteau , & depuis l'épaulette, il faut laiſſer un ſixiéme pour la man-

cheure du derriere dans l'endroit marqué *D*, & pour arrondir le costé dudit manteau, il faut poser la fiscelle
sur le derriere, de la vuidange du col,
& la porter depuis *T* iusques à *F*, &
pour arrondir le derriere, il faut poser la fiscelle sur le milieu de l'épaulette marquée *G*, & la porter depuis
A iusqu'à *F*; Pour le devant il y faut
donner l'écarrure depuis la pointe
de l'épaulette, iusques au devant un
quartier, & depuis le costé iusques
au devant environ de demie aulne
suivant la grosseur de celuy pour qui
c'est, & par en bas on luy donnera
une aulne d'ampleure, pour la manche, elle doit avoir tout au moins
une aulne de large, attendu qu'elle
doit estre plissée, & la reduire à la largeur de la mancheure, pour le collet
il s'attache tout du long.

Manteau des comptes en plein fond

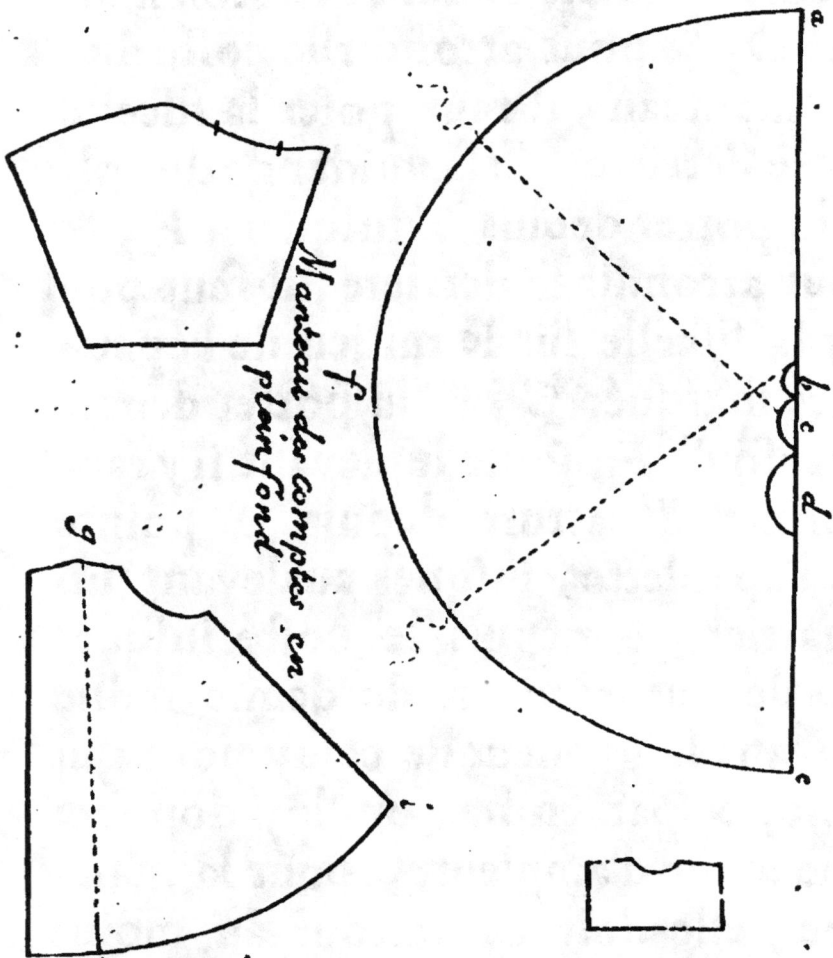

TOVR VN AVTRE MANTEAV
des Comptes à demy plein fond.

IL faut aussi commencer par la longueur du derriere & faire la

vuidange de mesme grandeur que la
precedente, & qui est dans la presente figure marquée par *A*, & l'espaulette du derriere qui est marquée
par *B*, doit porter un huitiéme, &
sera abbatuë de la moitié d'un tren-
te-deuxiesme, l'amancheure marquée
par *C*, portera un sixiesme depuis l'es-
paulettes au costé, & auparavant
que de rien marquer, il faut dresser l'é-
toffe bien à l'escart, & pour l'arrondir
il faut poser la ficelle sur l'espaulette
proche la vuidange du col, & la porter au tour dudit derriere, & pour le
devant il se tire à droite ligne, & aura de carrure trois seize, & d'ampleure par en bas, une aulne un quart &
pour l'arrondir, il faut poser la ficelle sur le coin de l'espaulette, du costé
de la mancheure, & la porter depuis
E iusqu à *F*, pour la figure du pre-
sant devant, il ne si faut pas arrester
attendu qu'il n'est pas marqué comme il doit estre; parce que le Burin
n'a

n'a pas esté bien conduit par celuy qui a tracé ledit devant ; mais seulement s'arrester à la demonstratió que je uous en faites dans le present Manteau , il y faut un haut de manche , & une manche pendante de la maniere que vous la uoyez marquée par *G* , & qu'elle n'aye qu'un seiziéme moins de long que ledit manteau , & le portera par le haut un huitiéme de large, & par le bas vn douze , vous uoyez la figure du collet , & du haut de manche.

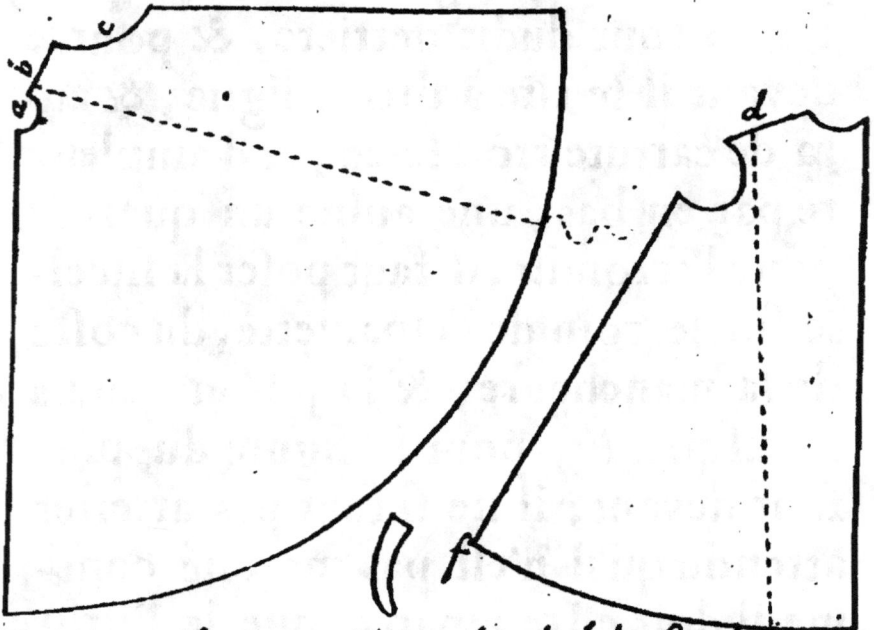

Manteau des comptes a demi plein fond

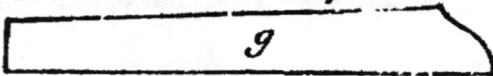

POVR VNE CHAPPE
de Preſident.

IL faut auſſi commançer par le der-
riére, & rendre l'eſtoffe bien à l'é-
querre, & meſurer depuis ledit eſquerre un quartier dans lequel, l'on portera la fiſcelle eſtant poſée ſur le coin
marqué A, d'un quartier de rondeur,
dans laquelle rondeur il faut marquer
un ſeize de hauteur, pour faire le collet, & un douze de large par le deſſus dudit collet, & enſuitte partager
la moitié de ladite rondeur, & y faire finir le bas du collet, & le ſurplus
qui demeure pour l'épaulette, l'arondir bien proportionnément pour uenir au coſté, & pour arrondir le preſent derriere de la Chappe, il faut
poſer la fiſcelle comme cy-devant,
au coin de l'équerre, marqué par A,

& la porter depuis le *C* iufqu'à *L*,
pour le devant il faut abbattre depuis
l'endroit de la vuidange iufqu'au bas
du devant; de la moitié d'un trente-
deux, pour donner l'advantage au
collet fur le devant, il faut auffi donner la mefme hauteur & largeur audit
collet qu'à celuy du derriere, l'on donnera de large audit devant depuis le
G iufqu'au *D*, demie aulne moins
un feize, & par en bas il portera cinq
quartiers de large, il faut pofer la fifcelle pour l'arrondir fur le coin entre l'épaulette & le collet, & porter
ladite fifcelle jufqu'à *E*, il faut auffi
faire quantité de petits plis dans la
vuidange du col, comme j'ay déja declaré cy devant dans la Chappe d'E-
vefqué ; pour le Capuchon, il faut
obferver de rentraire, ou de joindre
les endroits coupez marqué par *I*, *R*,
L, *M*, & pour l'arrondir, il faut
pofer les fifcelles de la maniere qu'elles uous font reprefentées, comme l'on

void dans la Robbe de Prince, & le Beguin les chofes fpecifiées de ce que l'on
peut fe fervir au prefent Capuchon.

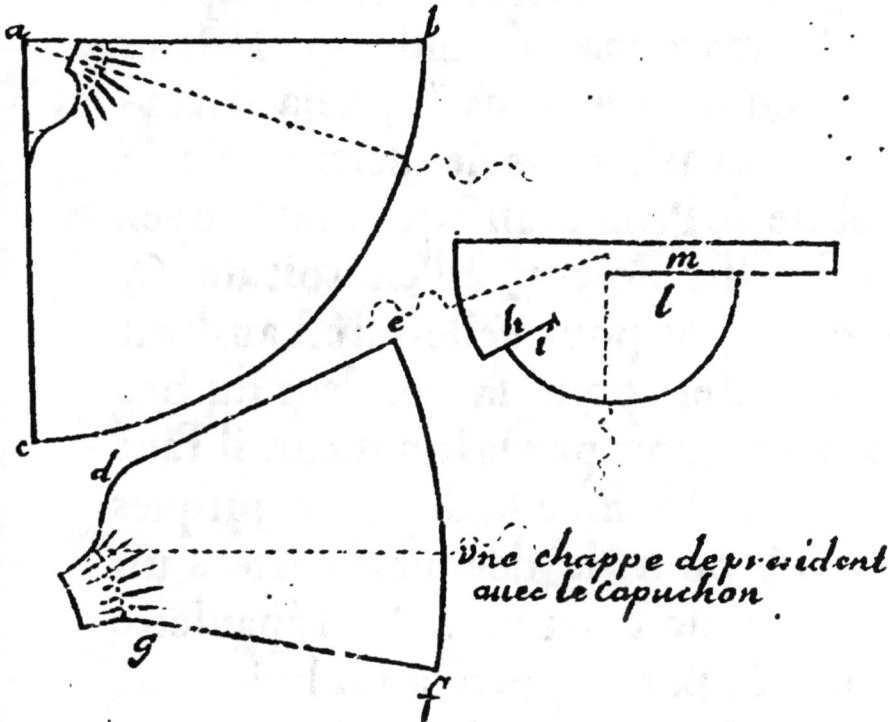

Vne chappe de prefident
auec le Capuchon

POVR VNE ROBBE DE
Palais à demy plein fond.

L'On commence par le derriere, & rendre l'eſtoffe bien à l'équerre, & marquer la vuidange à deux fois, comme je vous l'ay déja declaré cy-devant dans le derriere de la Robbe de Prince ainſi que uous uoyez les fiſcelles poſées, à l'endroit du *C*, & du *B*, & pour celle qui eſt au droit de *A*, c'eſt pour la rondeur du bas apres en auoir pris la longueur, il faut porter ladite fiſcelle depuis *F* juſques au *G*, pour le deuant il portera un quartier de carrure, & l'épaulette marquée par *I*, portera un huitiéme, & la vuidange du devant un douze & demy, & depuis la pointe de l'épaulette, il faut de la diſtance juſqu'à celle du coſté d'un demy tiers, ce qui

D iij

donnera de largeur , dans le devant
au deſſous de la mancheure demie aulne moins un ſeize , & pour l'arrondir , il faut porter la fiſcelle depuis
M , iuſqu'à *L*. Pour la manche elle
portera une aulne & demie de large,
& demie aulne de hauteur , laquelle
ſera pliſſée pour la reduire à la mancheure, à la reſerve d'un ſixiéme, dans
le dedans du bras, il faut auſſi obſerver que le coſté du derriere doit eſtre
plus long que celuy du devant d'un
demy tiers , pour ſervir à la mancheure , ſi l'on uoid quelque coup de Burin qui ne ſoit pas bien donné, il ſe
faut arreſter aux meſures que je declare.

Robe de Palais a demi plein fond

POVR VNE AVTRE ROBBE DE
Palais qui ne porte qu'une aulne et demie de large par en bas du derriere.

IL faut obſerver les meſmes choſes pour les vuidanges du col, & de l'épaulette que de la precedente, à la

referue que les mefmes largeurs ne
font pas obfervées, & mefme le devant ne doit porter que trois feize
de carrure, attendu qu'il ny a point de
renvers par le devant, & n'aura qu'vne
aulne d'ampleure par le bas dudit devant, & pour l'arondir, il faut obferuer
les mefmes chofes que dans la prece-
dante.

Robe de Palus

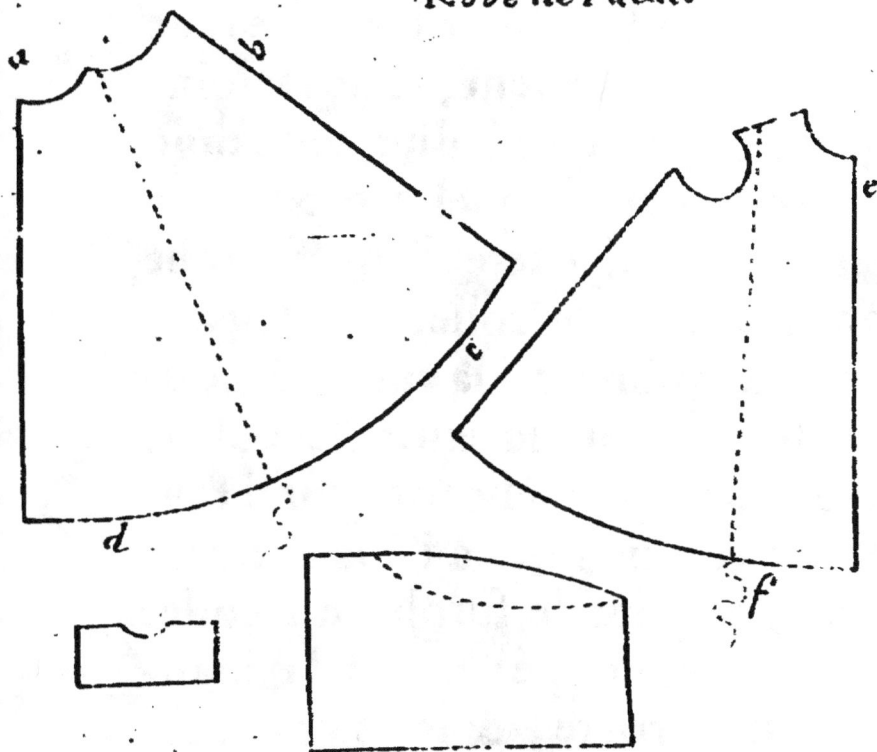

POVR VNE ROBBE DE grand Prieur.

IL faut encores tirer son derriere à droite ligne, & à l'esquerre, & laisser au dessus dudit derriere un huitiéme pour la hauteur du collet, & prendre le reste depuis la pointe de l'esquerre, marqué un seiziéme pour la vuidange du col, qui ne faut que marquer seulement, & ne la point couper, & partager ladite vuidange marquée, dans laquelle moitié on laissera sur le derriere l'estoffe tout d'une piece avec le collet, & de l'autre moitié qui reste, la vuider & couper, estant arrondie entre le collet, & le derriere, laquelle rondeur il faut qu'elle se trouue iuste à l'épaulette du devant, & pour le surplus du collet qui sera aussi coupé, entre la mancheure du derriere, & ledit collet se-

ra attaché avec la vuidange du devant, cette dite vuidange estant marquée, il faut prendre la longueur depuis ladite vuidange, iusques au bas
de ladite Robbe, marqué *E*, & pour
l'arrondir, il faut poser la ficelle sur
le coin du collet, & la porter depuis
E, iusqu'au *C*, & si l'on ueut faire
une queüe, il faut marquer la longueur, par exemple depuis *E*, iusques à *F*, & partager le derriere par
moitié, depuis *E* jusqu'au *C*, ou l'on
trouve le *G*, & poser la ficelle pour
arrondir la queüe, à autant de dis-
tance de la vuidange du col, ou est
marqué le *D* que l'on a donné de
longueur à ladite queüe, & porter
ladite ficelle qui est posée dans la place
du *D*, depuis *F* iusqu'au *G*, ou ladite queüe doit venir finir pour le devant doit porter un quartier de carrure, la vuidange du devant, & l'épaulette doivent porter chacun un huitiéme, & depuis l'épaulette iusqu'à la

pointe du cofté un fixiefme & depuis
le devant iufques au cofté, demie aulne, & par en bas cinq quartiers , &
pour l'arrondir , il faut pofer la fifcelle à l'endroit marqué *H* , & la porter depuis *I*, iufqu'à *L* , & l'on trouvera qu'il y aura de refte dans le côté du derriere un demy tiers pour la
mancheure & pour la manche , elle
doit porter une aulne d'ampleure par
le haut, & par le bas un tiers, & aura la longueur de la Robbe à la referve d'un feiziefme elle fera pliffée par
le deffus & reduitte à la largeur de la
mancheure , & faut qu'elle foit ouverte droite au milieu , entre le dehors, & le dedans du bras & que
l'ouverture porte trois douze, afin de
paffer le bras dans ladite ouverture.

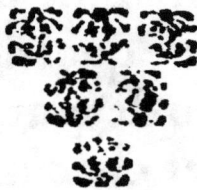

Robe de   Grand Prieur

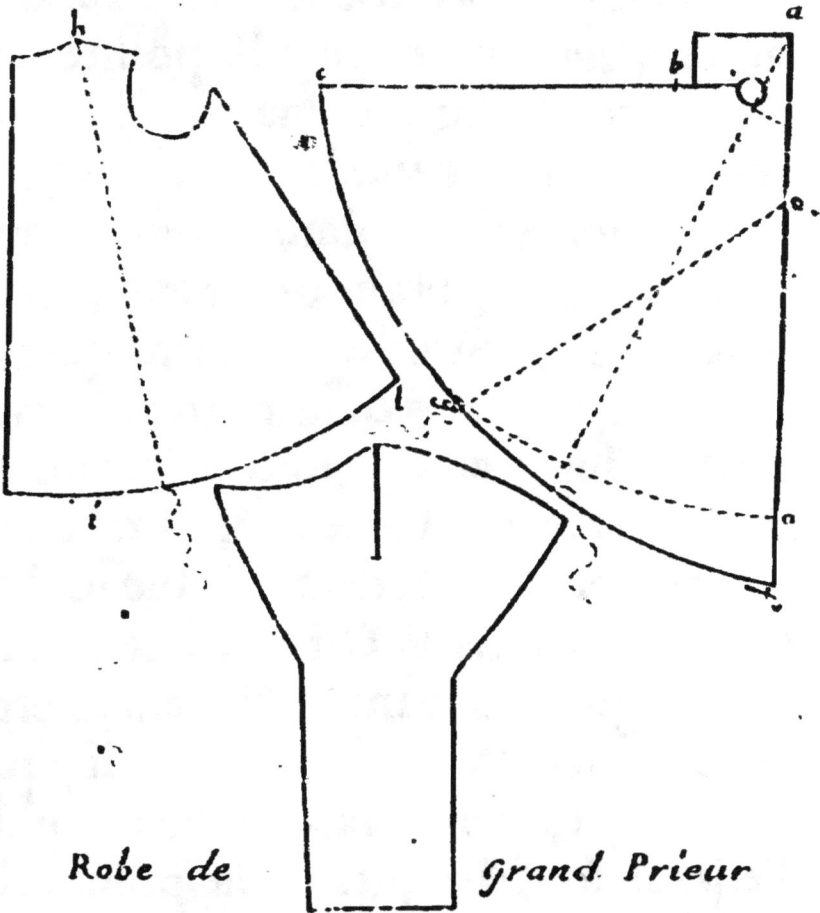

POVR VNE ROBBE
d'Eſchevin.

IL faut auſſi commençer par le derriere de ladite Robbe, & dreſſer

l'eſtoffe à l'eſquerre & prendre pour
la vuidange trois douze , & arrondir
ladite vuidange depuis la pointe de
l'eſquerre, & enſuitte marquer la longueur depuis la vuidange , iuſques
où elle doit aller , dans l'endroit qui
eſt marqué *L* , il faut poſer ladite fiſcelle ſur la pointe de l'eſquerre qui eſt
marquée par *A* , & la porter depuis
ledit *P* , iuſqu'au *Q* , pour le devant il
ſe tirera adroite ligne , & aura trois
ſeize de carrure, & demie aulne moins
un ſeize depuis le *C* iuſqu'à *F*, & la
vuidange du devant , & l'eſpaulette
auront chacun un huitiéme , il faut
qu'il ſe trouve de la diſtance depuis
l'eſpaulette , iuſques à la pointe du
coſté un ſixiéme , & par le bas du devant , il doit porter une aulne , &
pour l'arrondir il faut poſer la fiſcelle ſur le coin de l'eſpaulette, dans l'endroit marqué *B* , & la porter depuis
le *D* iuſques à *T* , & le reſte ſe doit
tirer à l'œil , la manche portera une

aulne de large par le haut, & un tiers
par le bas, & aura de longueur un
huitiefme moins que la Robbe, &
fera ouverte au milieu, entre le dedans & le dehors du bras de trois
feize, & ladite manche fera pliffée,
& reduitte à la largeur de la mancheure, pour le cofté du derriere fe trouvera d'un fixiefme plus long que celuy du devant lequel fixiefme fait la
mancheure du derriere, y compris le
petit collet qui fera attaché dans la
vuidange du derriere, par l'endroit
marqué *M*, & comme la vuidange à
beaucoup plus de grandeur que ledit
collet qui ne porte que trois huit, il
faut que ladite vuidange foit pliffée
& reduitte à la largeur dudit collet,
& pour le grand collet, s'attache avec
le petit, dans l'endroit marqué *O*, par
celuy marqué *G*, & les deux collets
eftans affemblez, il faut attacher la
vuidange du devant au grand collet,
& commençer dans l'endroit marqué

H, & faut prendre ſes meſures que
la vuidange dudit collet n'aye pas
plus de diſtance, & de largeur que
cette vuidange qui eſt auſſi dans le
petit collet, n'aye pas plus d'eſtenduë,
que la longueur de l'eſpaulette.

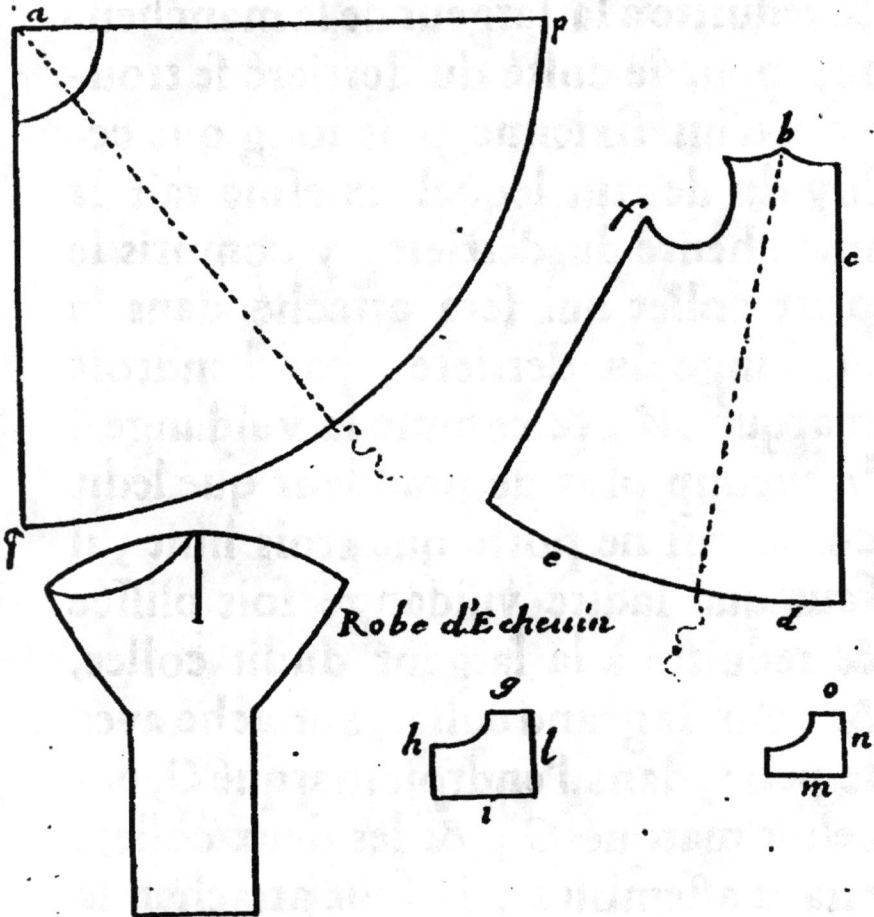

Robe d'Echeuin

POVR L'HABIT DE
Saint Meline.

IL faut commençer par les longueurs du devant & du derriere,
& entre les deux longueurs , laisser
un quartier pour la vuidange du col,
laquelle vuidange sera arrondie par
le milieu de ladite vuidange , & ensuitte poser la ficelle sur le coin de
la vuidange du mesme costé que l'on
veut faire la rondeur , & la porter
sur *A*, pour la continuër iusques à
l'endroit marqué *B* , lequel endroit
est destiné par la largeur de la manche qui portera une aulne de large,
& un tiers de hauteur, laquelle manche est marquée par *C*, il faut observer que ladite manche se trouve droit
au milieu du costé, & arrondir le derriere qui est marqué par *E*, & poser
la ficelle sur l'autre coin de la vuidange, &

ge, & du mefme cofté du derrière,
& dans l'endroit marqué *F*, & porter ladite fifcelle depuis *T* iufqu'au
P, le corps eſtant marqué de la maniere fufdite , il faut pour faire la
queüe, fuivre les mefmes figutes, que
je vous repreſente, & eſtant marqué
de la mefme forte , il faut obſerver
les largeurs , & methodes qui s'en-
fuivent.

PREMIEREMENT:

Il faut que la corne marquée *L*,
porte un fixiéme moins que la longueur du preſent habit, & la queüe
marquée par *I*, aura autant de longueur que ladite corne, & elle portera
dans ſa moitié qui contient depuis la
ligne blanche trois feize iufqu'à *H*, il
faut confidererque la premiere vuidange entre *L*, & la ligne blanche, doit
côtenir la groſſeur du col, qui peut faire environ un quart & demy, & la
feconde vuidange qui eſt entre la ligne
& *H*, doit eſtre de la mefme gran-

deur, attendu qu'il faut qu'elle renverfe fur l'autre, fçavoir de chaque
cofté, parce qu'il faut remarquer que
la prefente figure ne comprend que
la moitié de la piece, & le cofté de
H, eftant renverfé fur celuy marqué
par *L*, ne contient plus qu'une moitié de la groffeur du col, & les deux
coftez eftans renverfez de mefme, il
fe trouve une ouverture entre les deux,
à l'endroit de la ligne qui eft au milieu marquée par *M*, les deux coftez
eftans renverfez il faut ployer la corne dans l'endroit marqué *L*, & eftant
playée les deux demies vuidanges fe-
ront le tour du col, & enfuitte il faut
attacher les deux demies vuidanges à
celles du corps, la corne eftant ployée
qui doit paffer par deffous la quëue,
droit au milieu du derrierre, le tout
eftant ployé & attaché de la manière
fufdite ; il faut auffi que le bas de la
quëue foit affemblé attendu qu'il faut
que le bonnet carré entre dedans, &

que cette queüe se releve par dessus
ledit bonnet , & la corne que uous
uoyez marquée par *L*, qui a esté ployée
& renversée par dessous, elle doit pa-
roistre le long du derriere : J'ay oublié
à vous dire qu'il faut que ladite corne soit jointe ensemble tout du long,
comme celle d'un Capuchon de Pré-
sident.

Le Tailleur

habit de St Meline

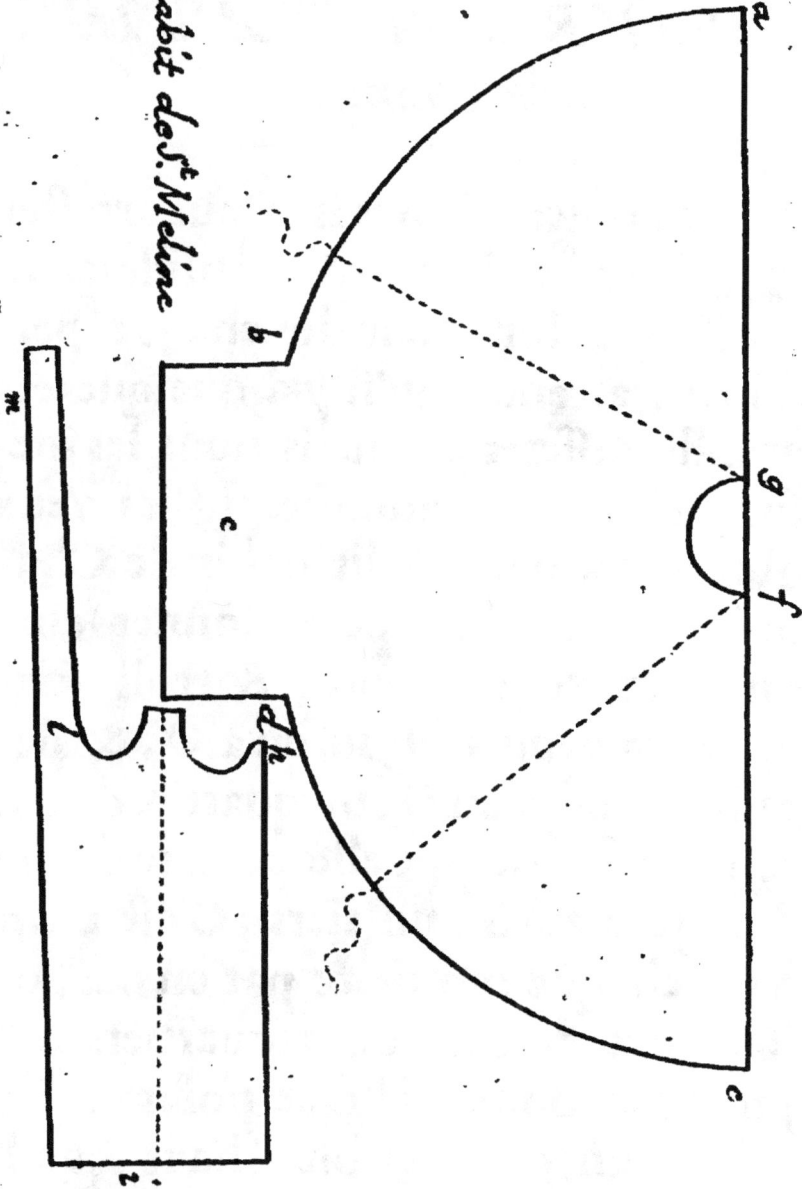

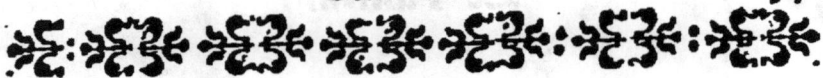

POVR VN HABIT
de Chanoine.

EN toutes choſes il ſe faut arreſter à ſes meſures , & conſiderer la groſſeur & longueur de chaque perſonne , attendu qu'il y a quelquefois grande difference ; mais pour les meſures les plus communes je les veux obſerver , pour ledit habit de Chanoine , l'on luy peut donner cinq quartiers de longueur , & trois ſeize de large depuis *N* iuſqu'à *O*, & depuis *M* juſqu'au *D*, un quart & demy, & pour la Chappe elle portera depuis *I* iuſques au *G*, un tiers ; C'eſt à dire dans chaque moitié & par en bas, on luy peut donner cinq quartiers , & pour l'arrondir , il faut poſer la fiſcelle à un quartier plus haut que la vuidange du col, dans l'endroit marqué *H*, & la porter depuis *L*, iuſ-

qu'à *F* , & pour une autre Chappe à
demy plein fond, il faut prendre ſon
eſtoffe bien à l'eſquerre & laiſſer vn
ſixieſme pour la vuidange dans l'endroit que uous voyez marqué *E* & *B*,
& enſuitte marquer la longueur de la
dite Chappe , comme elle eſt marquée par *D*, & poſer la fiſcelle ſur le
coin de l'équerre marqué par *A* , &
la porter depuis le *D* iuſqu'au *C* , &
comme les vuidanges ſe trouvent alors
plus longues que la groſſeur du col ,
elles ſe doivent pliſſer.

Sincere,

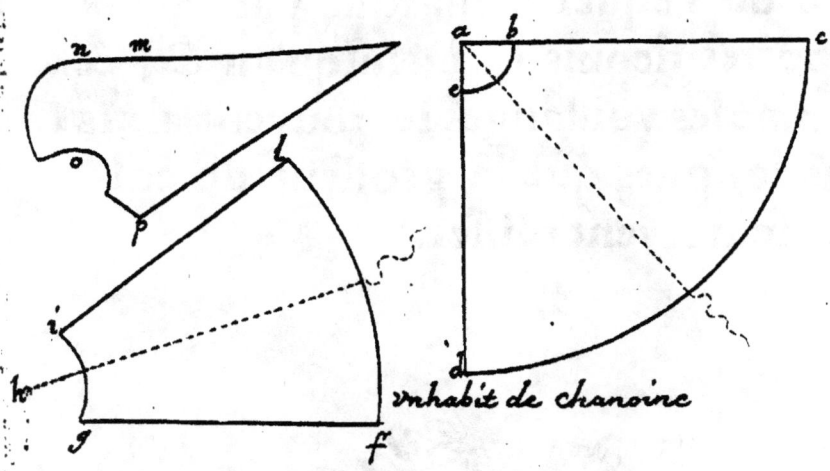

habit de chanoine

POVR VNE ROBBE
de Beneficier.

IL faut auſſi commençer ladite Robbe par le derriere , & prendre ſon
eſtoffe bien à l'équerre , & enſuitte
marquer un ſixiéme, & tracer en rondeur , & en poſant la fiſcelle ſur le
coin marqué *A*, pour la porter depuis le *B* iuſqu'à *E*, il faut auſſi depuis ladite rondeur marquer la hau-
teu du collet tout droit qui portera
un ſeize de hauteur, & un douzieſme
de large par en haut , & faire finir
ledit collet par en bas dans la moitié
de ladite rondeur, & le reſte demeurera
pour l'épaulette du derriere , il faut
enſuitte marquer ſa longueur, comme vous voyez dans l'endroit marqué *C*, & poſer la fiſcelle ſur ledit
coin marqué *A* , & la porter depuis
le *C* iuſqu'au *D*, pour le devant il aura

de carrûre trois seize, & l'épaulette
& la vuidange du devant porteront
chacun un douze & demy, & la largeur du devant, depuis le costé iusques au devant portera un quart & demy par le haut, & trois quarts & demy
d'ampleure par enbas, la manche portera une aulne d'ampleure parle haut,
& un tiers par en bas, quant au côté du derriere, il s'y doit trouver un sixiesme, plus long que celuy du devant pour raison de la mancheure
qui doit demeurer sur le derriere,
& le petit collet tout droit s'attache
dans la vuidange du devant pour se
joindre avec celuy du derriere.

Vne Robe de Beneficié

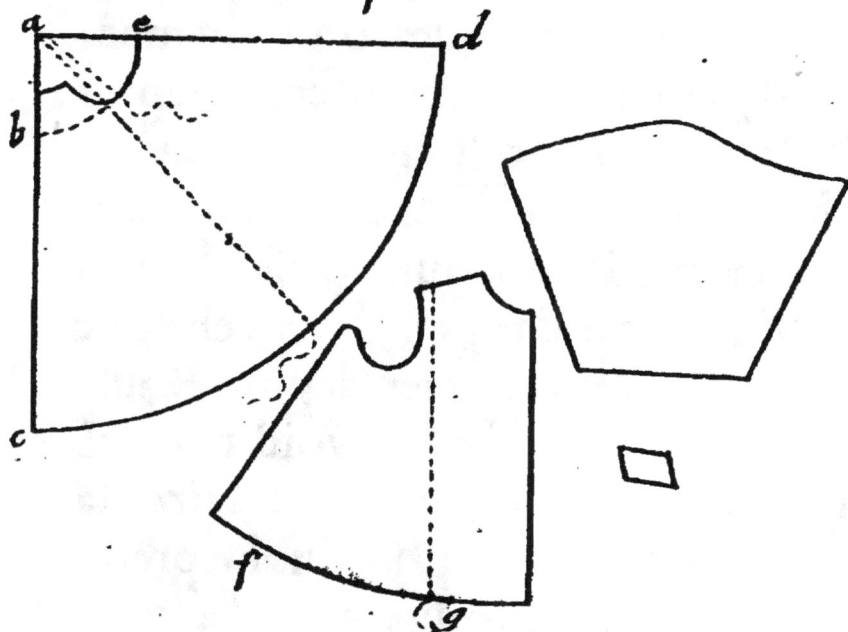

POVR VN MANTEAV
à queuë & vne Soûtanne.

POUR le manteau, l'on doit bien dreſſer ſon eſtoffe , marquer les longueurs & laiſſer entre les deux longueurs un douze & demy pour faire la vuidange , & la vuidange eſtant ar-

rondie, il faut poſer la fiſcelle pour arrondir le devant ſur le bord de la vuidange du derriere que l'on void marqué *B*, & porter ladite fiſcelle depuis
F iuſqu'au *G*, qui eſt iuſtement le
coſté du manteau, & pour arrondir
le derriere, il faut auſſi poſer la fiſcelle ſur la vuidange, dans l'endroit
marqué *C*, & la porter depuis *E* iuſqu'au *G* ainſi que l'on le void marqué
en ligne blanche, & pour faire la
queuë du manteau ; Si on la prend
d'un quartier de long, pour l'arrondir, il ſe faut retirer de la ſuſdite vuidange de la meſme longueur que la
queüe eſt longue, & l'on trouvera
iuſtement à revenir dans la rondeur
du coſté ; Pour la Soûtanne il eſt bien
neceſſaire de luy donner une largeur
ſuffiſante, attendu qu'un manteau de
cette longueur par le derriere, la
queuë doit eſtre portée, & ſi la Soûtanne, n'a une empleure extraordi-
naire, l on ne peut pas la lever, pour

64 *Le Tailleur*

la porter avec ledit manteau, pour le furplus c'eft vne chofe commune & fe fait fuivant les mefures que l'on en doit avoir prifes.

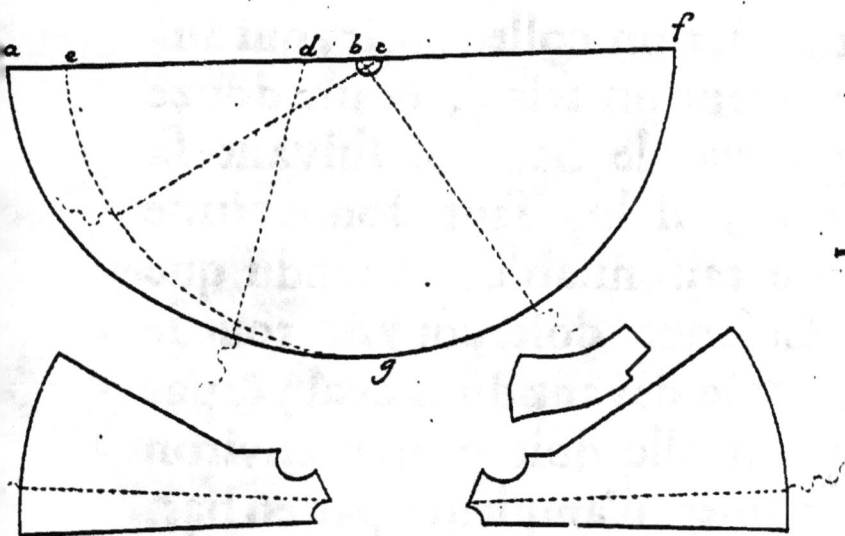

Manteau et soutane à queüe.

POVR VNE CASAQVE
de Trompette de Gend'arme.

L'On peut commençer par le derriere apres avoir jetté vos mesures sur les escarrures & longueurs,
il faut laisser un collet droit, qui aura de hauteur un seize, & un douze
de large par le haut & suivant sa
longueur, il luy faut donner une
ampleure raisonnable, attendu que
ladite Casaque doit couvrir tout le
derriere & le devant du cheval, & par
consequent elle doit porter environ
quatre aulnes d'ampleure par en bas,
Pour le devant, l'on doit laisser aussi
l'estoffe dans le collet, & tirer le devant à droitte ligne, non pas seulement à longueur de ladite Casaque;
mais augmenter encores la hauteur
des pointes, pour subvenir à augmenter la largeur de la poche, qui est
dans le devant de la Casaque qui est

augmentée par la jonction de la double pointe que uous uoyez marquée par deux *D*, laquelle uous uoyez aussi adjoûtée contre le devant de ladite Casaque, ladite adjonction estant faite, il faut raporter la pointe du bas, par dessous ladite Casaque dans le dessus marqué *A*, & le tout estant bien couzu tout à l'entour, il faut laisser du costé de l'endroit, une ouverture d'environ un sixiesme dans l'endroit marqué *B*, qui est l'ouverture de la poche qui luy sert de magazin, ou d'avresac, & quand au pointes la quantité n'en est pas reglée, si ce n'est par les galons que l'on met sur ladite Casaque, car à proportion que l'on remplit, & chamarre les corps, l'on doit observer de faire les pointes étroites & nombreuses, s'il y à beaucoup de galon, & s'il y en a peu l'on les doit élargir à proportion; Il doit y avoir un haut de manche, dans ladite Casaque, avec la manche pendante

qui ne sera que d'un douze de large
par le haut , & descendra iusqu'à un
seize du bas de ladite Casaque.

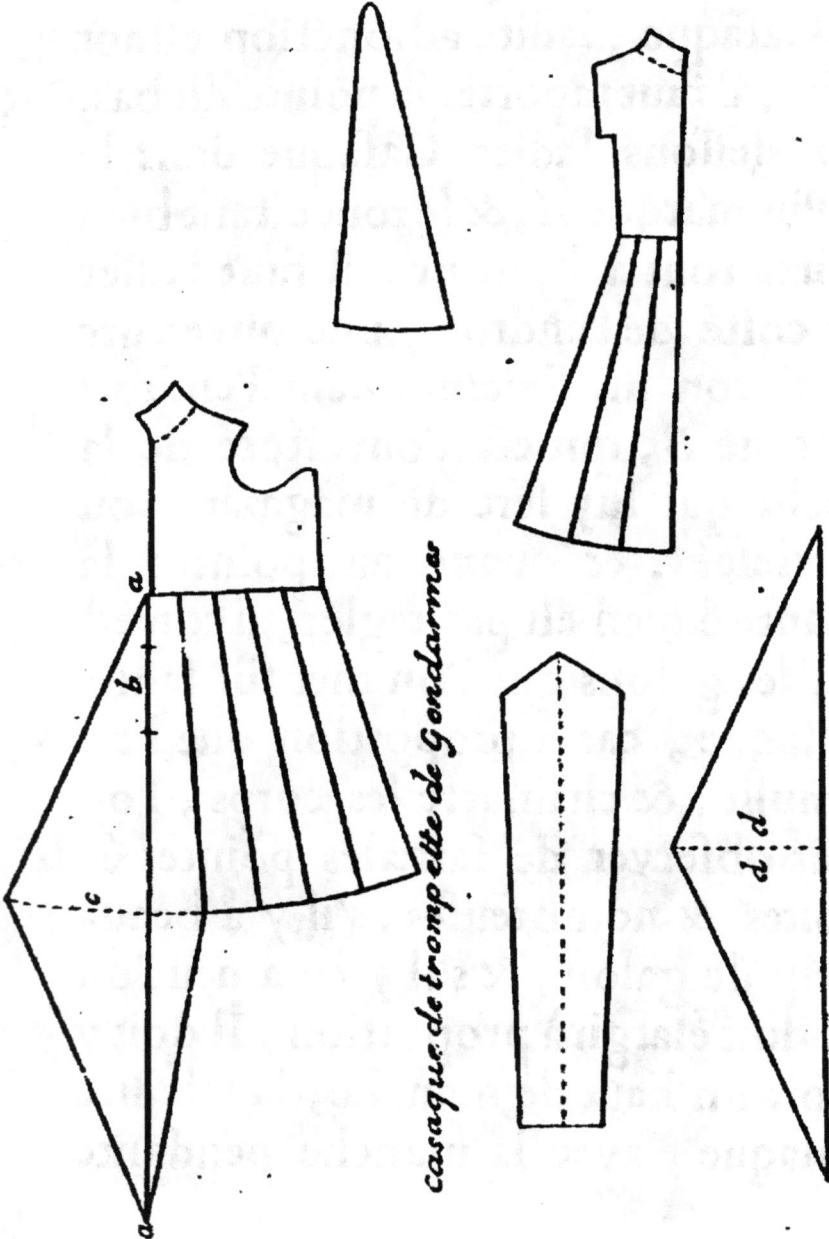

casaque de trompette de gondarme

POVR LA CASAQVE DE
Trompette de Chevaux Legers.

IL faut obferver toutes les mefmes
circonftances, que dans celles de
Gendarmes, à la referve des fauffes
pointes du devant qui n'y font pas ne-
ceffaires, comme auffi vn collet droit,
car la vuidange du col, ne fera feulement que bordée & tout le furplus
doit eftre la mefme chofe.

Vne cafaque de trompette
de chevaux legers

POVR VN MANTEAV,
à Rebras.

L'On commance par la longueur du derriere, il faut laisser pour la vuidange un douze & demy, & marquer pour la longueur du Rebras du devant, demie aulne & un seize, & apres la vuidange faite, il faut tirer un trait au droit du milieu de ladite vuidange, pour observer la longueur du derriere du manteau, & poser la ficelle sur la vuidange du costé du devant, & la porter sur la longueur du derriere & l'arrondir iusquès audit costé, & pour le devant, il faut aussi poser la ficelle sur la vuidange du costé du derriere, & la porter depuis la longueur que l'on a pris pour le devant, iusques au costé marqué *B*. & pour le devant du manteau, il luy faut donner de carrure

F

un fixiefme , & pour l'épaulette un
huictiefme , il portera de large par le
haut un quart & demy & par le bas
une aulne , & pour arrondir ledit devant , il faut pofer la fifcelle fur l'é-
paulette à deux doigts du col , &
la porter depuis *H* iufqu'au cofté,
pour affembler ledit manteau , il faut
joindre le cofté du devant , avec ce
qui eft de furplus , depuis le *B* iufqu'au *C* , & ce qui reftera du cofté
du devant , fe doit attacher par deffus à droite ligne , en tirant au milieu de la vuidange , & ce qui refte,
c'eft la place de la mancheure & pour
attacher l'épaulette ; Le collet ne s'attache que dans le derriere feulement
à caufe que le devant , & le rebras doivent eftre libres , pour fe joindre &
boutonner par le devant ; Pour le Capuchon qui fe met par deffus le Cha-
peau , il luy faut donner demie aulne de hauteur , & vn quart & demy
de large , depuis *F* iufqu'à *E* , ou

à proportion de la groffeur de celuy,
pour qui c'eft.

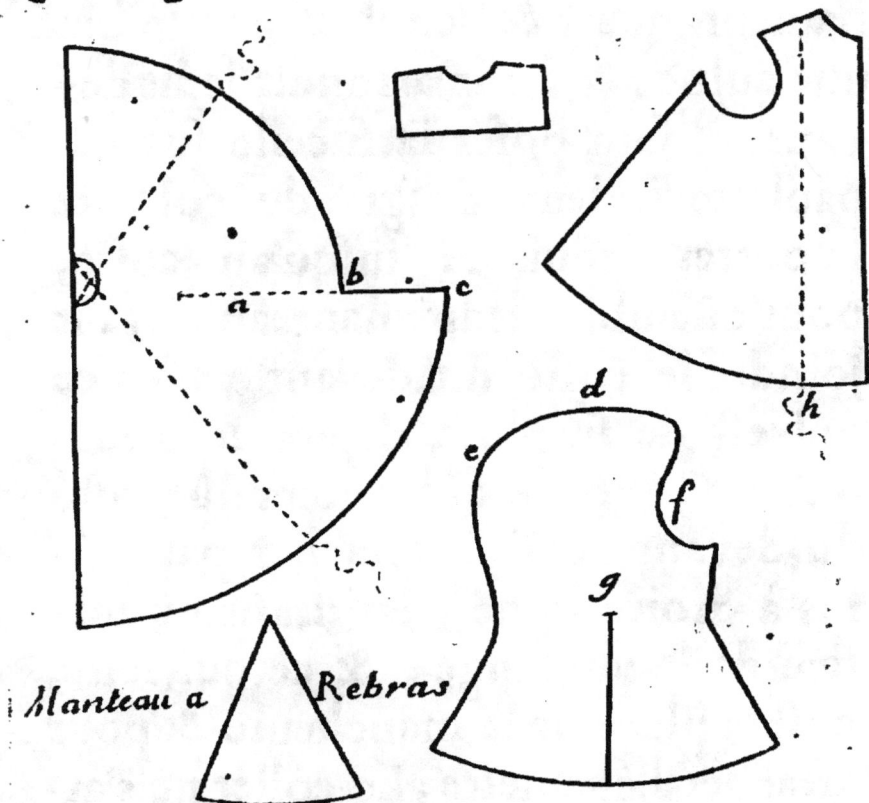

blanteau a   Rebras

POVR VN SAYE DE
Gentil-homme.

IL faut que le collet foit droit &
le devant fort bufque , le bas

saye portera un quart & demy , & faut
obferver que pour la largeur il faut
au moins augmenter plus que la groffeur du corps , d'environ un tiers, le-
lequel fait l'on fera pliffer pour le reduire à ladite groffeur , & faut que
tout ce qui contient dans le bufque,
ne foit point pliffé ; mais feulement
avoir du foin que ledit bas de Saye
foit bien proportionnément ajufté au
bufque , afin que le devant fe porte
droit, le furplus qui fera l'enrichiffe-
ment , l'on n'en peut pas iuger , ny
rien ordonner, fans en avoir la veuë.

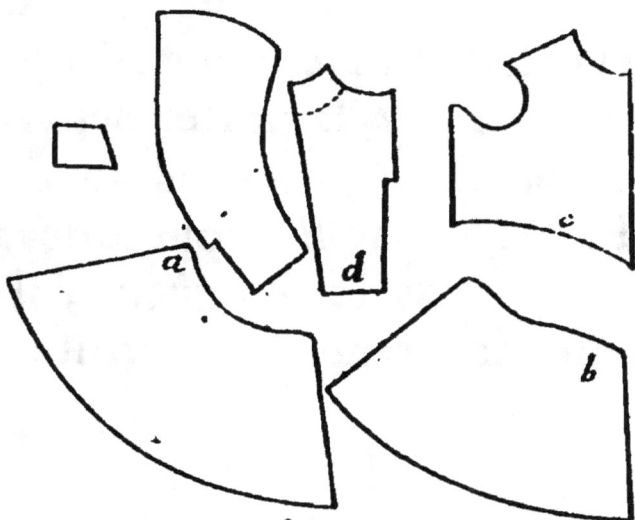

morceau de gentilhomme

POVR VN MANTEAV
de femme à cheval.

LE derriere commençe par l'eſtoffe bien à l'équerre & il faut laiſſer un quartier de hauteur pour faire les vuidanges, tant du derriere que de l'épaulette, leſquelles ſe peuvent tracer de la maniere que ie l'ay fait uoir cy-devant, tant dans la robbe de Prince, que dans la robbe de Palais, à demy plein fond ; Les vuidanges marquées, il faut prendre les longueurs qui peuvent eſtre de demie aulne un douze les longueurs priſes, il faut poſer la fiſcelle, ſur le coin de l'eſquerre marqué *A*, & la porter depuis le derriere qui eſt *F*, iuſques au coſté qui eſt marqué par *E* ; Pour le devant apres auoir pris la longueur, il eſt neceſſaire de prendre l'écarrure du

devant, fur la perfonne qui le doit porter , pourtant on luy peut donner
un fixiefme, & la vuidange du col,
peut auffi avoir trois douze , & depuis le devant iufques à la pointe du
cofté , on luy peut donner vn tiers ;
mais toutefoiss les mefures doivent eftre prifes fur la perfonne , attendu qu'il faut que tout ce devant
joigne au corps par le moyen de deux
larges rubans qui s'attachent par deffous lefdits devans, iufqu'au droit de
la mancheure , lefquels rubans tour-
nent par le derriere , & fe viennent
ratacher devant , par deffous ledit
manteau , de forte qu'il n'y a que le
derriere du manteau , & les coftez
de l'eftoffe qui fe trouvent pliffés &
volant ; & pour affembler ledit devant
avec le derriere, l'efpaulette s'attache
dans la vuidange marquée C, & comme ladite vuidange fe trouvera plus
longue que l'efpaulette , elle fe doit

plisser pour la reduire à la mesme largeur de l'espaulette , pour le costé
estant assemblé , l'on trouve de reste
cette vuidange marquée *D* , pour la
mancheure ; Le collet s'attache aussi
dans la vuidange qui est marquée par
L, & le surplus de ce qu'elle se trouvera plus grande que celle du collet,
doit estre plissé, l'on ne doit attacher
ledit collet , que dans la vuidange
seulement , pour la manche elle sera
plissée & reduite à la mancheure, comme elle doit estre.

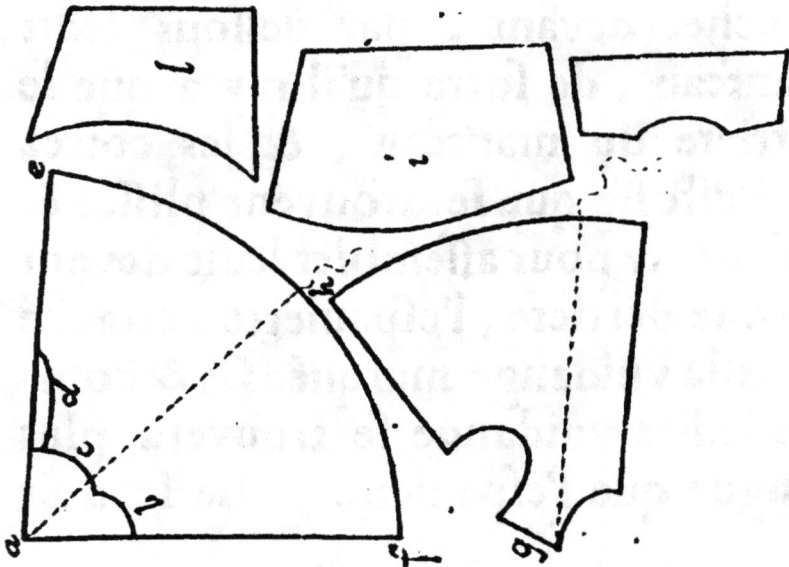

Vn Manteau pour femme a cheval

POVR VN HABIT
de Pauvre.

I L se fait tout d'une piece , sçavoir
le corps & le bas, & le collet doit
estre aussi.de la mesme piece , princi-
palement par le derriere, la chose n'est
pas bien difficile, il ny a qu'à en uoir
les figures & en avoir les mesures.

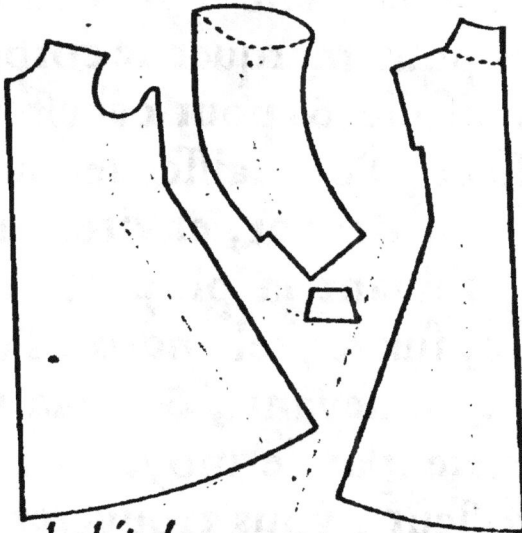

habit de p auure

POUR UNE CAMISOLLE
en Pantalon.

IL faut obſerver que l'on doit commençer de choiſir le biais de l'é-
toffe, & tirer un trait le long dudit
biais, iuſqu'à environ une aulne de
hauteur, & en cette hauteur poſer
une eſquerre le long de la ligne marquée en biais, qui uous fera trouver
iuſtement une ligne de travers dudit
biais, ſur laquelle l'on aboutit ſes
meſures pour marquer le corps de ladite camiſolle, & pour cét effet ayant
la groſſeur, l'on laiſſe depuis ladite
ligne ſur le devant, environ un huitiéme, ſuivant la proportion de la
groſſeur, ſur lequel endroit l'on peut
marquer le devant, & de la revenir
au derriere par le moyen de uoſtre
dite groſſeur, vous trouverez la largeur que l'on doit donner au Pantalon,

& tirer un mefme trait le long du derriere fuivant les groffeurs que l'on à,
& y marquer les longueurs du derriere, la vuidange du col & l'écarrure, ainfi la mefme chofe dans le devant apres avoir marqué l'efcarrure
du devant, l'on peut facilement faire la vuidange de la manche, & pour
marquer l'autre cofté du Pantalon,
l'on à qu'à prendre la mefure du premier cofté marqué, pour luy donner
les mefmes largeurs & longueurs : La
figure vous en inftruit avec ce que je
puis vous en dire.

Vne camisole en pantalon

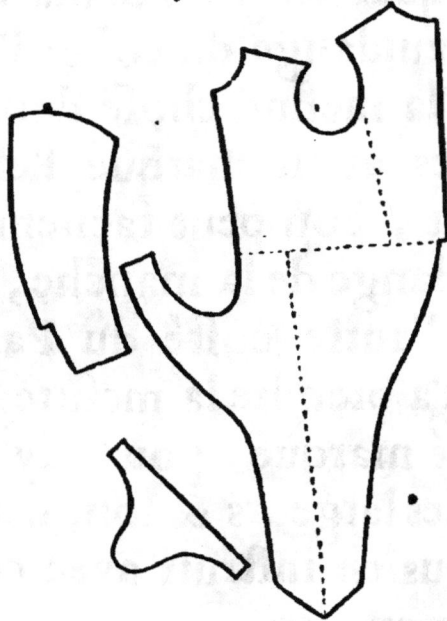

＊＊＊＊＊＊＊＊＊＊＊＊＊＊＊＊＊＊＊

CHAPPE DE NOSTRE
S. Pere le Pape.

AVant que commençer de couper la Chappe du Sainct Pe-
re, il faut auſſi bien tirer l'eſtoffe à
l'équerre tant le long de la liziere
qu'en travers, & prendre demy aulne

de longueur pour faire la vuidange du
col , & l'arrondir comme on le voit
dans la figure cy-apres , & poſer la
fiſcelle ſur le coin de l'équerre marquée par *A* , & l'arrondir depuis le
C, iuſqu'au *B*, enſuitte prendre la longueur ſuivant que l'on l'avoit marquée dans ladite figure depuis le deſſus de la vuidange marqué *B* iuſqu'à
S , & pour l'arrondir il faut poſer ladite fiſcelle ſur le coin de l'équerre
marquée *A* , & la porter depuis S ,
juſqu'à *F* , enſuitte marquer la longueur que l'on peut donner à la queuë
depuis la rondeur d'en bas marquée
par S , qui ſera tout au moins de la
meſme longueur de ladite Chappe,
& pour la largeur de ladite queuë il
y faut donner par en haut vn peu
plus de la moitié de ladite rondeur,
ainſi que l'on le voit dans l'endroit
marqué *E* , & pour arrondir le bas de
la queuë, on luy pourra donner trois
quarts & demy qui eſt depuis le *D*, iuſ-

qu'à *I*, pofer la fifcelle fur le *D*, & la
porter depuis *H* iufques à *I*, & le
furplus pour venir joindre le corps,
il faut tirer à l'œil depuis *H* iufqu'à *E*,
& pour la tunique du S. Pere elle doit
porter vne aulne depuis le *T* iufqu'à
& ; & par en bas elle portera trois
quarts depuis ladite & iufqu'à *Z*, &
depuis le *Z* iufqu'à *Y*, elle doit porter aufli trois quarts, & depuis *Y* iufques à *V*, elle portera encore trois
quarts, & depuis *V* iufqu'à *X*, il y
aura vn fixiéme, il faut confiderer
que les fufdites largeurs & longueurs
ne font que pour la moitié de ladite tunique, laquelle doit eftre jointe par
tout à la referve depuis *T* iufqu'à *Y*, qui
eft la face comme aufli cette vuidange marqué *Z*, qui portera vn quart
& demy comme la rondeur du col
de la Chappe pour y eftre affemblé,
& y laiffer vne petite fente d'vn huitiéme pour donner plus de liberté à
la mettre fur le col, il faut que le

premier lay de l'eſtoffe ſoit pozé au
long de la ligne blanche, qui prend
depuis la coin du bas marqué par *&*
iuſqu'à vn ſixiéme par en haut du
devant, attendu que ladite tunique
eſtant aſſemblée au col de la Chappe
raporté ſur la teſte, elle fera le meſme effet par derriere que celle d'vn
Chanoine : Et pour la tunique de Car-
dinal il faut qu'elle porte trois quarts
de hauteur depuis *L* iuſqu'à *O*, & depuis *O* iuſqu'au *Q*, elle doit porter
trois quarts & demy, & le fonds qui
eſt l'attachement depuis ledit *O* iuſqu'au *P*, doit porter demy aulne, &
ce qui reſte depuis *P* iuſqu au *Q*, doit
porter auſſi ladite demy aulne, comme
auſſi la hauteur du devant qui eſt depuis *R* iuſques audit *Q*, ſera de meſme longueur & la largeur du Capuchon depuis *N* iuſques à *M*, portera
vn ſixiéme, & pour aſſembler le tout
il faut pliſſer le col deladite Chappe
à petit plis & la reduire à environ demy

aulne fuivant la groffeur de l'homme & le border, les deux devants fe-
ront auffi affemblez , & faut laiffer
vne ouverture d'environ vn feize par
en haut, lefquels devans contiennent
depuis le *C* iufques à *F* , & pour la
dite tunique , il faut auffi affembler
le derriere qui eft depuis *H* iufqu'à
O, comme auffi le fonds depuis le *P*
iufques à *Q* , & le devant depuis *Q*
iufqu'à *R*, & le furplus depuis *R* iufques à *H* , demeure tout ouvert , &
pour le fonds du derriere qui eft depuis *O* iufqu'au *P*, fe doit pliffer pour
le reduire à la mefme largeur de la
vuidange du col de ladite Chappe, &
joindre enfemble ladite tunique par
le mefme endroit à ladite vuidange
de la Chappe.

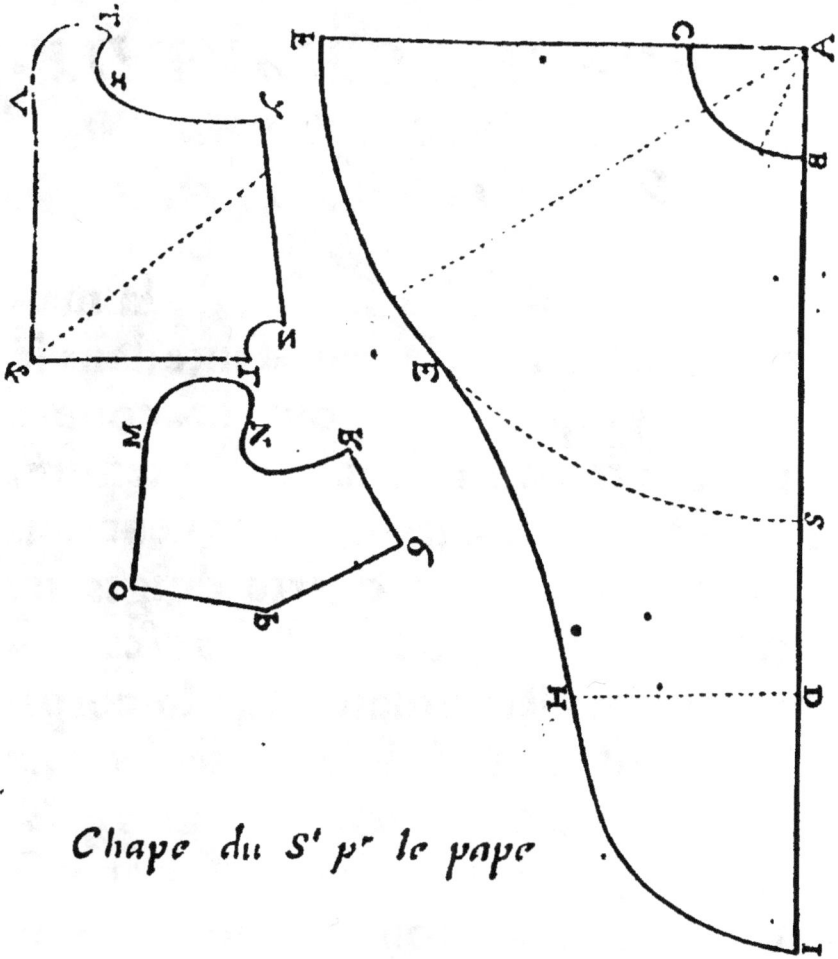

Chape du S^t p^r le pape

LA ROBBE, LE HAVT·DE-*chauſſe , le Chauſſon, & la Veſte du Grand Turc.*

LAdite Robbe ſe fait de la maniere que je la repreſente dans la figure cy-apres , & pour la couper l'on a fort peu de meſure à prendre, il faut ſeulement la longueur qui ne doit aller qu'à quatre doigts de terre , pour les groſſeurs & les eſcarrures doivent eſtre volante ſur le corps; c'eſt pourquoy il ſe faut ſeulement ſervir de l'aulne pour ces meſures, l'écarrure du derriere portera dans ſa moitié vn quart tout au moins comme vous le voyez depuis *A* iuſqu'au *B* , la vuidange du col ſera à l'ordinaire des autres , l'eſpaulette ne ſera point abatuë , & depuis l'eſpaulette iuſqu'au deſſous de la máchure où l'on voit marqué *C* , il faut qu'elle por-

G

porte vn quartier & depuis C iufqu'au
cofté, il y aura vn feize, & la pointe que l'on voit audit cofté remon-
tra d'un douziéme, laquelle pointe
eftant jointe avec celle du devant fer-
vira d'un gouffet deffous la manche
que l'on fait entrer dans la coûture
deffous le bras pour mieux donner la
liberté crainte qu'en levant les bras
ladite manche ne tire le cofté, & ne
face point de mauvais effet, le derriere doit porter par en bas demy aul-
de dans fa moitié, & pour l'arrondir
il faut pofer la fifcelle fur l'efpaulette
à deux doigts de la vuidange du col,
& la porter depuis le D iufqu'au côté,
& pour le devant il luy faut donner la
mefme largeur dans fes efcarrures &
mefme l'efpaulette qu'au derriere, à la
referve de la vuidange du devant que
l'on doit abatre à l ordinaire & faire
que les deux vuidanges du col portent
vn quart & demy , & pour le cofté
dudit devant , il faut faire la mefme

chose qu'à celuy du derriere , les longueurs du corps porteront demy aulne , & depuis ladite longueur du corps
il faut tirer le devant du costé droit en
pointe d'environ vn tiers , & celuy du
costé gauche ne luy donner de pointe qu environ vn demy quart à raison que le devant du costé droit sera
levé par les coins & s'attachera avec vn
bouton dans l'endroit marqué *F* qui
est au dessous de la pochette ; & pour
les deux costez se doivent avancer autant l'un que l'autre & auront vne
grande pointe , & doit porter ledit
devant par en bas tout au moins vne
aulne , & ce que l'on void au dessous
du corps du devant que l'on doit laisser, vn douze d'estoffe à la basque plus
qu'au corps qui se doit remployer &
se joint auec le costé pour estre assemblé avec le derriere , & cela fait
vne maniere de poche qui sert à loger
la hanche qui empesche que ladite
Robbe ne fait point de mauvais effet,

G ij

pour la manche elle se coupe toute droite par le dessus & le dessous, & elle doit estre plus large par en bas que par l'attachement d'environ vn sixiéme, & pour l'attachement il doit estre iuste à la manchure, car il ne faut point que ledit attachement paroisse, ny mesme l'espaulette pour raison que si l'on enrichit ladite Robbe, l'on ne garnit seulement que les deuans, le tour d'en bas & les costez, l'on doit faire aussi vne ouverture par en bas sur le devant dans l'endroit marqué *F* qui aura vn sixiéme, il faut vn colet à ladite Robbe qui aura vn seize de hauteur, & sera coupé vn peu en rond attendu qu'elle doit estre plus large que la vuidange du derriere d'environ deux doigts de chaque costé & doit estre attaché de toute sa longueur.

Pour le haut-de-chausse, il doit estre coupé en biais, dautant qu'il doit aller iusque à la cheville du pied, lequel

sert de bas , & sera coupé tout droit
en travers au dessus du pied & portera trois quarts & demy de longueur
& de large par en haut , vn quart &
demy dans la moitié de châque cuisse
& pour le fond il ne sera abatu que
d'un sixiéme , la figure vous peut
instruire plus amplement.

Quant au Chausson ce que vous voiez
marqué en rond il se ploye & fait le
devant du pied , & ce que l'on voit
qui est quarré se joint contre ce que
l'on à ployé , & pour clorre le dessous
l'on joint vne petite semelle que l'on
voit marqué P , & cette fente qui est
marquée par S , demeure ouverte
avec des boutonnieres.

Pour la Veste , elle se coupe de mesme
que la Robbe à la reserve qu'elle doit
joindre au corps & qu'elle ne doit
porter par le bas que deux aulnes de
tour, pour la mâche elle se coupe étroi-
te & contient la longueur du bras &
le poignet doit joindre pour estre bou-

tonné & cette langue que l'on voit
au bas de ladite manche s'abat fur la
main, & par fois on la renverfe, pour le
col il ne doit feulement qu'eftre bordé.

Il ne tient qu'à vous maintenant de
uous inftruire vous même en pratiquât
quelque fois , de tracer les chofes cy-
devant reprefentées , & fuivre la methode que ie vous dénonce & en
vous fervant de l'aulne qui fera de fa
longueur ordinaire vous remarque-
rez dans l'employ des eftoffes , où
vous devez prendre chacune de vos
pieces en chaque eftoffe ; Ce n'eft pas
un mauvais exercice pour un jeune
homme d' s'eftudier à fa profeffion,
& fans cela l'on ne peut jamais fe rendre parfait , c'eft une chofe tres neceffaire pour un homme de la profeffion de fçavoir tracer toutes les pieces que ie vous reprefente en ce petit
racourcy , attendu qu'il y a beaucoup de Villes que l'on trouve eftre
la plus forte qualité que l'on puiffe,

avoir pour eftre receu dans la maiftri-
fe , que de fçavoir bien faire chef-
d'œuvre ou autrement il ny faut rien
efperer: Deplus il faut demeurer d'accord que c'eft l'honneur d'un maiftre
de fçavoir bien fa profeffion , car fi
l'on vous prefente une piece d'ouvrage à faire , dont vous ne puiffiez
pas vous en acquiter , & qu'il faille
que vous foyez contraint d'emprun-
ter la fçience d'un de vos confreres
voftre ignorance vous fait un repro-
che : Comme auffi uoftre qualité de
maiftre, & cela fans doute vous fait
engendrer un mépris à ceux qui
en ont la connoiffance, ie vous con-
jure doncques mes chers amis , pendant que vous eftes dans vos jeunes
années, de vous rendre capables dans
la profeffion que vous embraffez, je
ne vous ay rien marqué des habits
communs, parce que vous les prati-
quez affez journellement chez les
Maiftres.

FIN.

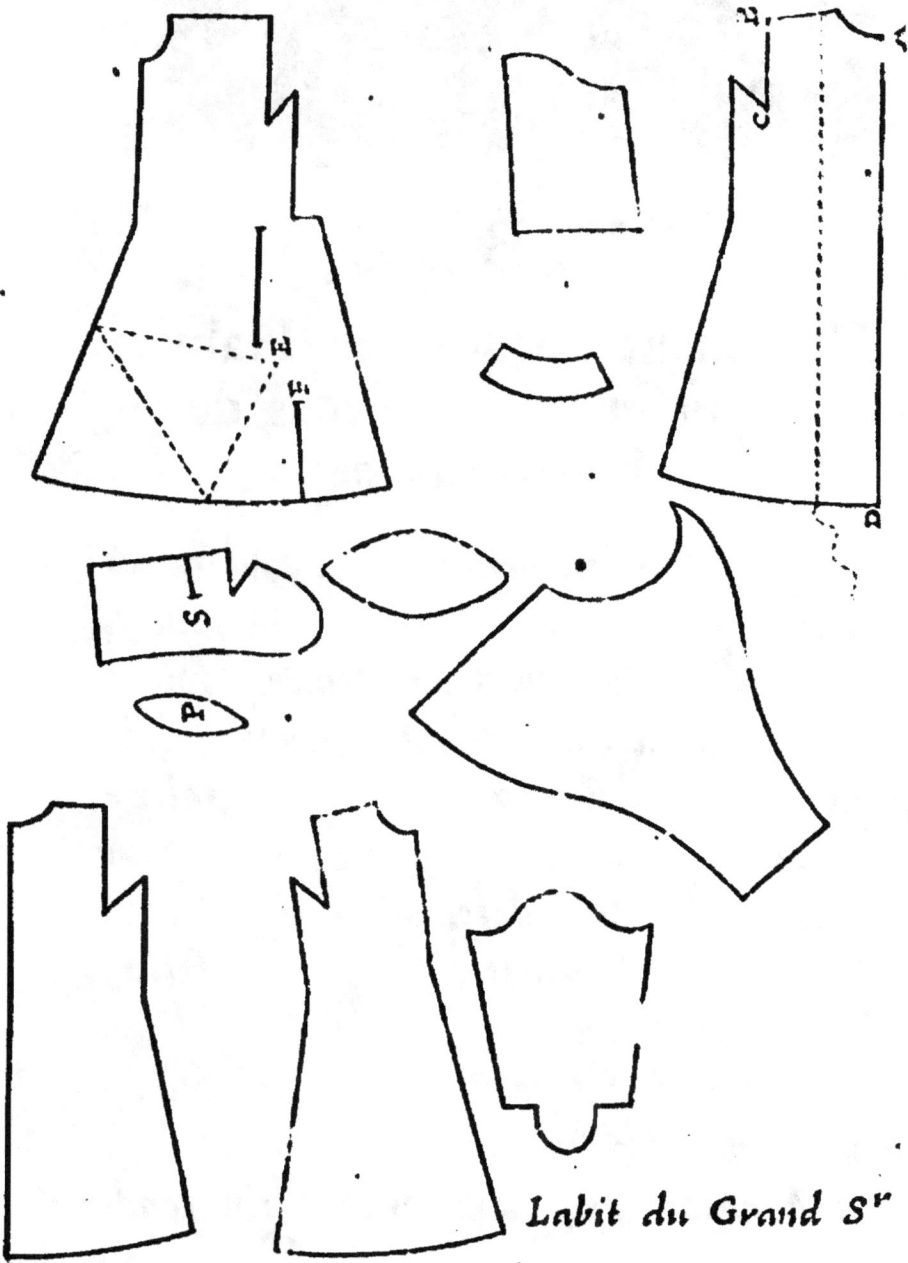

L'abit du Grand Sr.

TABLE,

Contenant l'ordre des Habits d'honneurs, & pieces de Chef-d'œuvre.

TABLE

Fin de la Table.

www.ingramcontent.com/pod-product-compliance
Lightning Source LLC
Chambersburg PA
CBHW052049270326
41931CB00012B/2698